黑龙江省重点培育智库“公共政策与现代服务业创新”
黑龙江省普通本科高等学校青年创新人才培养计划（UNPYSCT-2016057）
黑龙江省人文社会科学创新团队资助计划（TD201304）
哈尔滨商业大学学科项目“现代服务业支撑龙江振兴发展研究”（hx2016001）

商业蓝皮书

BLUE BOOK OF COMMERCE

黑龙江省商业景气指数研究报告（2017）

Research Report of Commercial Prosperity Index of HEILONGJIANG（2017）

主编/曲振涛

中国财经出版传媒集团
中国财政经济出版社

图书在版编目（CIP）数据

商业蓝皮书：黑龙江省商业景气指数研究报告．2017/曲振涛主编．—北京：中国财政经济出版社，2017.7

ISBN 978－7－5095－7550－5

Ⅰ．①商…　Ⅱ．①曲…　Ⅲ．①商业经济－经济景气－景气指数－白皮书－黑龙江省　Ⅳ．①F727.35

中国版本图书馆 CIP 数据核字（2017）第 149181 号

责任编辑：庄　莉　　　　责任校对：徐艳丽

中国财政经济出版社 出版

URL：http：//www.cfeph.cn

E－mail：cfeph@cfeph.cn

社址：北京市海淀区阜成路甲 28 号　邮政编码：100142

营销中心电话：88190406　北京财经书店电话：64033436　84041336

北京财经印刷厂印刷　各地新华书店经销

787×960 毫米　16 开　6 印张　84 000 字

2017 年 7 月第 1 版　2017 年 7 月北京第 1 次印刷

定价：30.00 元

ISBN 978－7－5095－7550－5

（图书出现印装问题，本社负责调换）

本社质量投诉电话：010－88190744

打击盗版举报热线：010－88190414　QQ：447268889

编委会名单

序　言

The Preface

近年来，“景气指数”这个词在媒体上出现的频率越来越高，受到社会各界的广泛关注。“景气指数”又称景气度，通过各行业运行状况的定量指标（如价格、成交量、开工率等）或定性指标（如预期指数、信心指数等），来反映经济或行业的周期性波动变化。现已发布的各类景气指数中，较有影响的主要包括德国 IFO 商业景气指数以及国家统计局发布的国经指数，国房景气指数、企业景气指数、企业家信心指数和义乌中国小商品指数等。

国内现有的景气指数编制都是基于经济、工业等宏观环境而进行的。而商业是一种在经济市场中从事商品交换活动的营利性事业，是一种为满足人类的各种需求而从事的具体活动。市场波动在经济学上叫作经济周期，商业市场的波动程度就用商业景气指数来衡量。本研究以黑龙江省商业为主要研究对象，编制黑龙江省景气指数，在研究对象和内容上与以往发布的指数差异较大。黑龙江省景气指数主要是指黑龙江省商贸流通业（主要包括零售业、批发业、住宿餐饮业以及其他流通业）的投资和经营活动的活跃与繁荣程度。黑龙江省商业景气指数是黑龙江省各行各业发展的重要标志，是各个行业发展的晴雨表，也是大数据时代市场信息的一个重要组成部分。本研究在建立商务数据和综合分析的基础上，反应黑龙江省各个行业发展水平，使之成为政府和企业各部门科学指导和发展的重要基础，成为科学制定行业规划政策的依据，为构建商业发展建设提供重要支撑。从供给侧改革的角度来看，商业是一手连着生产一手连着消费。如果把商业抓好了，反倒需求给供应方以反馈信息，就能够指导供给侧改革的有效性、及时性。企业可以根据商业景气指数了解所在行业目前所处的景气状况，并掌握一定的行业发展趋势，以此作为企业制定投资生产策略的参考。对政府来讲，大数据的解读有助于政府针对黑龙江省商业运行中的不正常状态进行及时调控，特别是在经济与行业出现异常或处于收缩期时，制定相应的机理和政策措施，在可能的范围内降低经济波动对整个黑龙江省商业运行的消极影响。所以抓住这个“牛鼻子”，上可以引导消费，下可以引导结构性地、体制性地供给侧改革。

《黑龙江省商业景气指数研究报告（2017）》作为黑龙江省商业景气指数研究的最新年度报告，具有以下学术价值和应用价值：

一是基于持续开展基础理论研究和监测调查数据的收集，进一步完善了黑龙江省商业景气指标体系。通过选取黑龙江省商业中的 22 个行业共 800 多家企业的调查数据，时间跨度为 2004－2016 年，采用扩散指数法和合成指数法和预警研究，分别计算出了黑龙江省商业景气指数综合值，系统地总结了黑龙江省商业的最新发展现状，研究具有科学理论基础和可靠数据支撑。

二是本研究报告通过对黑龙江省商业景气指数的最新分析，可以帮助黑龙江省商业及时了解各行业的整体发展态势，明确各行业在商业中的地位，较为客观地评估黑龙江省商业的优势所在与不足之处，从而有利于商业各行业在升级过程中制定正确的经营方针和发展策略。同时，研究报告通过黑龙江省商业研究，也为国家和地方政府调整区域产业结构、促进中国商业健康持续发展提供了决策依据。

三是本研究报告撰写过程中，通过与各级政府部门、企业行业、国内外相关研究机构与组织等密切交流合作，定期开展黑龙江省商业景气监测问卷调查，不断充实黑龙江省商业企业数据库，这对切实推动相关科学研究课题的实施、对深化黑龙江省商业研究领域的政产学研协同创新等，也具有十分重要的学术价值与社会意义。

目　　录

CONTENTS

1 黑龙江省商业发展概况

1.1 黑龙江省概述

黑龙江省位于我国东北部，是中国纬度最高，经度最东的省份，系由境内最大河流黑龙江而得名，简称“黑”。黑龙江省北部和东部隔黑龙江、乌苏里江与俄罗斯相望，西部与内蒙古自治区毗邻，南部与吉林省接壤，是亚洲与太平洋地区陆路通往俄罗斯和欧洲大陆的重要通道，是中国沿边开放的重要窗口。黑龙江省现辖 13 个地市，其中 12 个省辖市，1 个行政公署，65 个县（市），其中县级市 19 个；877 个乡（镇），其中镇 462 个，14488 个村。与俄罗斯边境线长达 2981.26 公里，现有 25 个国家一类口岸，其中，对俄边境口岸 15 个。现有常住总人口为 3833.4 万人。黑龙江属中温带到寒温带的大陆性季风气候，年平均气温在 -4℃—5℃。从南向北，依温度指标可划分为中温带和寒温带，温差近 10℃；从东向西，依干燥度指标可划分为湿润区、半湿润区和半干旱区。夏季气温高，降水多，光照时间长，适宜农作物生长。太阳辐射资源丰富，年日照时数一般在 2300 - 2800 小时。春季大风日最多，多在松嫩平原和三江平原，风能资源丰富。

1.1.1 自然资源

黑龙江省具有得天独厚的自然资源优势，为生态文明建设提供了重要保障，为全面实施可持续发展战略，推动省域内经济、社会、环境的协调和可持续发展提供了资源支撑。其中，草地面积 207.1 万公顷，占全省土地总面积的 4.4%；天然湿地面积 556 万公顷，湿地面积居全国第四位，占全国天然湿地的七分之一，是丹顶鹤、东方白鹳等珍稀水禽的重要繁殖栖息地和迁徙停歇地。境内江河湖泊众多，有黑龙江、乌苏里江、松花江、绥芬河四大水系，流域面积 50 平方公里及以上河流 2881 条，总长度为 9.21 万公里。松嫩草场与澳大利亚的墨尔本、美国的德克萨斯州同属于世界三大优质草场的草原；湿地资源无论是面积还是保护完好性都居全国首位。目前，已探明各种矿产资源 132 种，其中石油、石墨、硅线石等矿产储量均居全国首位。为进一步提高资源利用效率，黑龙江省正在建设铝镁合金科技产业基地、硅基新材料研发基地、海绵钛研发基地。

1.1.2 林业资源

黑龙江省森林覆盖率为 46.14%，森林面积 2097.7 万公顷，活立木总蓄积量 18.29 亿立方米，二者均位居全国前列。饶河是中国黑蜂蜂蜜及蜂胶主产区、伊春是中国原生态食用菌生产之乡、海林是中国猴头菇之乡。目前，已经成功从红松、落叶松、樟子松等针叶林中提取出具有超强抗氧化能力的紫衫叶素；研制出以大兴安岭原始森林中生长的野生北芪为主要原料的具有良好保健功效的北芪神茶。

1.1.3 农业资源

黑龙江省地处世界著名的三大黑土带之一，是全国重要的粮食主产区和商品粮基地，拥有耕地面积 115940850.84 公顷，占全省土地总面积的 33.87%，居全国首位。近年来黑龙江省粮食总生产能力达到 1000 亿斤以上，占全国规划粮食总产的 1/10，为国家提供商品粮达 700 亿斤以上。黑龙江省是全国第一个建设国家级绿色食品标准化生产基地的省份，中国销售的绿色食品中有 1/3 来自黑龙江省并出口 30 多个国家和地区。响水大米、五常大米等优质名牌大米享誉全国。在农产品深加工方面，拥有北大荒农垦集团、九三油脂、哈高科等企业，建有国家级大豆工程技术研究中心，该中心研制开发了大豆卵磷脂、脑磷脂、异黄酮等大豆系列产品。此外，黑龙江省和乌克兰、加拿大同为世界三大奶牛带，奶源充足，奶质优良，建有黑龙江完达山乳业公司。

1.1.4　工业基础

黑龙江省现已形成了以重工业为主体，以大型企业为骨干，以机械、冶金、电力、煤炭、石化、建材、轻工、纺织、医药、食品等为重点的工业体系。在化工领域方面，黑龙江省石油化学研究院研制生产的特种胶粘剂系列产品、哈尔滨玻璃钢研究院研制生产的树脂基复合材料系列产品等在航空航天等领域得到广泛应用。在医药研发方面，北药资源丰富，龙胆、防风、北五味子、刺五加等10多种药材规范化种植被国家科技部列为重点项目。黑龙江省被列为全国十大中药材规范化种植基地，在全国率先研制开发出“双黄连针剂”。拥有哈药集团、葵花药业等产值过亿元的中西药生产企业。在电站设备研制方面，拥有哈尔滨电站集团以及齐齐哈尔一重、一机床、二机床。哈尔滨电站集团与巴西等拉美国家一直保持密切合作关系。在电器产品开发方面，拥有一批电器产品生产企业，其中包括：研制生产发电系统配电设备的哈尔滨九洲电器，专业研发与生产直线电机、汽车电机及驱动的自动化集成的哈尔滨泰富实业，以及研制生产动力电池的哈尔滨光宇集团。在支线飞机研制方面，拥有哈尔滨飞机工业集团。哈尔滨安博威飞机工业有限公司是中国航空工业企业第一次与国外航空工业公司的整机合作。

1.1.5　基础设施

黑龙江省交通运输网络基本形成。铁路形成了以哈尔滨为中心，辐射全省，连接省内外大中城市和对外主要口岸的网络，全省铁路营业里程达7014.3公里。公路形成了连接省内区域中心城市的“OK”型及“一环五射”高等级公路主骨架。水运形成了以黑龙江和松花江为骨干，以哈尔滨、佳木斯、黑河和同江等开放港口为重点的黑龙江流域水运网，民航省内现有航空线路130多条，省内现有各类机场，其中，有哈尔滨、齐齐哈尔、牡丹江、佳木斯、黑河、漠河、大庆、伊春和鸡西等民用机场，有伊春、塔河、嫩江、加格达奇、幸福、东方红等航空护林基地，以及其他农业飞行基地。

1.1.6 科技实力

全省共有科学研究开发机构811个，其中独立科研院所226个，重点实验室98个，工程技术研究中心285个，技术创新服务平台32个，产业技术创新战略联盟51个，高新技术开发区5个，大学科技园6个，农业科技园区38个，文化和科技融合示范基地1个，现代服务业产业化基地1个，高新技术产业化基地4个，科技企业孵化器161个，普通高等学校81个。科学研究与试验发展（R&D）经费支出相当于地区生产总值的1.0%。全国最大兽医药科研基地，全国最大的传感器技术研究基地，全国重要水电、火电、核电技术研究基地，全国最强的玻璃钢材料研究科研单位，全国最大的焊接技术研究基地等均建在黑龙江省。一批科技成果在三峡工程、青藏铁路、南水北调、西气东输、2008数字奥运以及载人航天等国家重点工程中应用。

1.1.7 旅游资源

黑龙江省地域辽阔，四季分明，旅游资源特色鲜明，春季林海绿涛、夏季清凉怡人、秋季五花山色、冬季银装素裹，世界旅游组织专家把黑龙江旅游形象定位为黑龙江—中国旅游COOL（酷）省。黑龙江省是我国最大的冰雪旅游基地和生态旅游基地。有大森林、大草原、大湿地、大湖泊、大界江、大冰雪，自然风光独特，生态环境一流。冰雪风光、冰雪旅游、冰雪运动、冰雪艺术等别具一格。哈尔滨冰雪大世界、冰灯游园会蜚声中外；大海林林业局双峰林场“中国雪乡”风景区雪深达2米，是观雪赏景的绝佳胜地；亚布力、二龙山、长寿山、乌吉密、日月峡等近100个滑雪场年接待400多万人次滑雪。漠河位于中国最北端，可以看到绚丽多姿的北极光，被人们称为“北极村”。“林都”伊春市素有“红松故乡”、“天然氧吧”之称。五大连池由火山爆发形成的5个相连的堰塞湖和周围14座火山丘组成，被誉为“天然火山博物馆”，被列为世界地质公园。兴凯湖历史上曾叫北琴海，水天一色、气势磅礴，面积达4300多平方公里，我国境内面积1080平方公里，是我国最大的中俄界湖。镜泊湖是我国最大的火山堰塞湖，天地造化、风韵隽秀，是北方著名的风景区和疗养区。此外，哈尔滨的太阳岛、索菲亚教堂、中央大街、防洪纪念塔、龙塔、东北虎林园，嘉荫的恐龙化石遗址，齐齐哈尔的扎龙鹤乡，宁安的火山口地下森林公园等都是非常值得一看的旅游胜地。

1.2 黑龙江省商业发展概况

商业主要包括批发和零售贸易业、餐饮业、仓储业，并涉及交通运输业等。商业是联结生产与消费的中间环节，是工农、城乡和地区之间经济联系的桥梁和纽带，是社会化大生产的重要环节，是决定经济运行速度效益的引导性力量，是反映经济发展和社会繁荣程度的窗口，是衡量综合国力和居民生活水平的晴雨表，是市场经济成熟程度的反映。

商贸流通行业数据，是整个黑龙江省商贸流通领域各行各业发展的重要标志，是各个行业发展的晴雨表。2016 年上半年，黑龙江省批发零售业实现零售额 3285.7 亿元，同比增长 9.9%，占全省社会消费品零售总额的 87.0%。黑龙江省批发业实现商品零售额 630.8 亿元，同比增长 11.1%，增速比去年同期高 4.8 个百分点。黑龙江省餐饮业实现零售额 430.8 亿元，同比增长 9.69%。住宿业实现商品零售额 57.2 亿元，同比增长 9.1%。上半年，全省批发、零售、住宿、餐饮业增加值在第三产业增加值中的占比为 29.7%，对第三产业的贡献率为 26.2%，拉动第三产业增长 2.1 个百分点，对全省经济增长贡献率为 23.1%，拉动全省经济增长 1.2 个百分点。

本研究结合黑龙江省商贸领域企业点多面广的实际情况，通过行业调研、专家座谈等方法，对黑龙江省零售业、农产品批发业、住宿餐饮业、批发业、药品流通业、仓储业、再生资源回收业、生产资料业、商贸物流业、酒类流通业、沐浴业、家庭服务业、人像摄影业、美容美发业、洗染业、家电维修服务业、石油流通业、典当业、拍卖业、二手车、会展业、报废业等 22 个商贸流通行业进行调研，以此展示黑龙江省商贸流通各个行业现状和发展趋势。

1.2.1 零售业

零售业是任何一个处于从事由生产者到消费者的产品营销活动的个人或公司，他们从批发商、中间商或者制造商处购买商品，并直接销售给消费者。零售业包括所有把较少数量商品销售给普通公众的实体。他们不改变商品的形式，由此产生的服务也仅限于商品的销售。零售业作为商品流通的主体行业，在引导生产、促进消费、提高国民经济运行效率和效益等方面起着重要的桥梁和推动作用。近年来，随着社会主义市场经济的发展和流通体制改革的深入，随着经济社会的快速发展和居民生活水平的提高，黑龙江省零售业保持了较快的发展势头，业态则呈现更加多样化，商业更加步入现代化的轨道，其在国民经济社会发展中的作用和地位日益突出，在活跃市场、满足居民生活需要和推动全区经济增长等方面做出了重要贡献。

1.2.2 农产品批发业

农产品批发业是我国改革开放以后形成的商业业态，是以粮油、畜禽肉、禽蛋、水产、蔬菜、水果、茶叶、香辛料、花卉、棉花、天然橡胶等农产品及其加工品为交易对象，为买卖双方提供长期、固定、公开的批发交易设施设备，并具备商品集散、信息公示、结算、价格形成等服务功能的交易场所。

黑龙江省已基本形成了由产地市场、销地市场、集散地市场相互衔接配置，专业市场与综合市场优势互补的农产品批发市场网络，形成了全省农产品大市场、大流通的基本格局。一大批农产品批发市场在国家专项资金的引导扶持下，对市场内交易棚厅、场地道路、水电通讯等基础设施进行了改造升级，市场交易条件明显改善。许多农产品批发市场建立了市场信息收集发布平台、农产品质量安全检测系统，市场服务功能逐步配套。

1.2.3 住宿餐饮业

住宿餐饮业是国民经济行业的重要组成部分，也是繁荣地方经济、拉动消费需求增长的重要力量。黑龙江省住宿餐饮业市场依旧延续了近几年来的繁荣景象，保持了高速增长的态势，行业总体规模继续扩大，初步形成了投资主体多元化、经营业态多样化、经营方式连锁化、品牌建设特色化、市场需求大众化、从传统产业向现代产业转型的发展新格局。假日经济的方兴未艾、会展等商务活动的日益增加及价格上扬，共同推动了餐饮业零售额持续快速增长，在国民经济中的地位和作用得到进一步提升和加强。

1.2.4 批发业

批发业是衡量一个地区经济发展快慢、市场繁荣与否的重要标示之一，是连接生产者和使用者的桥梁和纽带，处于市场经济中最活跃和环节，是第三产业中一个举足轻重的行业。改革开放以来，黑龙江省批发业得到长足发展，市场活跃，流通规模不断扩大，保持了较快的发展势头。同时，批发业的消费品总额持续增长，促进社会经济较快发展。2015 年黑龙江省商贸批发业保持了较快的发展势头，贸易流通规模进一步扩大，流通结构日趋合理，市场载体建设更加完善，辐射功能不断增强，经济总量份额稳步上升。

1.2.5 药品流通业

药品物流在我国还是一个较新的概念，从 2009 年药品物流被列为十大振兴行业之一，到医疗卫生体制改革意见的提出，再到各项具体政策和措施的颁布和实施，新医改政策正在不断深入和细化中。它对我国的药品流通业特别是大型药品批发企业产生了深远而重大的影响，同时也对促进我国药品流通业向规模化、集中化、信息化等方向发展起到了重要的推动作用。随着黑龙江省医药卫生体制改革的稳步推进和建设“八大经济区”、“十大工程”和扩大对外发展等一系列发展战略的实施，药品流通企业转型升级步伐加快，不断探索医药物流延伸服务模式，黑龙江省药品流通行业总体呈现销售总额持续增长，结构调整优化升级，行业集中度和流通效率进一步提高，创新和服务能力增强的良好发展形势。2016 年，黑龙江省药品流通市场规模稳步提高。

1.2.6 仓储业

物流业已经成为21世纪我国经济发展的重要产业，仓储在物流系统中起着举足轻重的作用。随着物流的迅速发展和社会需求的变化，黑龙江省仓储业务量不断增大，货物吞吐量、平均库存量、货物周转次数等指标都有明显的提高。随着现代信息技术飞速发展，黑龙江省仓储管理技术的发展经历了最初的人工管理阶段，到机械化、自动化和智能化仓储管理阶段，自动化技术和信息技术的应用已经成为仓储技术的重要支柱，自动货架、自动识别和自动分拣等系统，以及条码技术、RFID等技术已经被越来越多的企业所关注和应用。供应商管理库存、零库存等技术也开始在一些大型企业中使用，仓储管理技术不断上升。仓储企业之间的竞争也不断加剧。黑龙江省的仓储设施无法满足物流活动的需要，原有的仓储企业有待改造基础设施，外国的物流公司纷纷投资建库，外省大型企业也不断来黑龙江省建设现代化仓库作为发展物流的平台，由此构成了黑龙江省仓储行业发展严峻的竞争格局。

1.2.7 再生资源回收业

随着经济快速发展和资源环境对经济发展制约力的增强，黑龙江省把发展循环经济，加快再生资源回收体系建设作为全省转变经济发展方式、促进社会可持续发展的重要内容，积极推动黑龙江省再生资源行业向产业转变。目前，全省备案的再生资源回收利用企业750家，从业人员32万人，年均回收再生资源440万吨左右。有力推动了黑龙江省经济持续健康发展。在国家政策支持和引导下，黑龙江省再生资源回收体系建设取得新进展，但受整体经济发展缓慢趋势的影响，黑龙江省再生资源企业的交易量普遍较低。未来几年，随着黑龙江省经济快速发展和国家对环境保护、资源节约以及发展循环经济的重视，随着低碳环保、绿色循环的概念深入人心，再生资源行业发展形势会越来越好。

1.2.8 生产资料业

生产资料是人们从事物质资料生产所必需的一切物质条件，一般可包括土地、厂房、机器设备、工具、原料等。生产资料流通是商品流通的重要组成部分，是商务工作的重要内容，《国务院办公厅关于印发国内贸易发展“十二五”规划的通知》和《关于“十二五”期间推进生产资料流通现代化的指导意见》都要求加快生产资料现代流通体系建设，促进生产资料流通业发展。近年来，黑龙江省贯彻落实国家“稳增长、控物价、调结构”的宏观调控政策，经济运行的稳定性和协调性进一步增强，为生产资料市场的平稳运行提供了良好的宏观发展环境。2016年，大多数生产资料流通企业经营状况稳定上升。生产资料流通业在市场化和现代化的进程中，将成为黑龙江省经济发展的重中之重。

1.2.9 商贸物流业

商贸物流是指与批发、零售、住宿、餐饮、居民服务等商贸服务业及进出口贸易相关的物流服务活动，是整个物流过程中对成本影响比较大的环节，新技术应用和商业模式创新最为集中，作为现代物流的重要组成部分，直接关系到生产资料流通和生活资料流通的顺利运行。促进商贸物流发展，有利于降低物流成本、提高物流效率；有利于货畅其流，繁荣市场；有利于改善交通和环境状况，促进城市化健康发展；有利于提升流通产业竞争力，更好地发挥其在国民经济中的基础性、先导性作用。

近年来，黑龙江省的商贸物流体系逐步形成，信息化、现代化水平显著提高，服务功能不断拓展，涌现出一批商业模式先进、供应链整合能力强的商贸物流企业。但从整体上看，商贸物流小、散、乱，专业化、社会化、标准化程度低，运作成本高、效率低等问题没有根本扭转，与国际先进水平还存在较大差距。黑龙江省社会物流总额近两年出现回落，且首次出现负增长。主要原因是能源工业产值和外贸进出口下降所致。在未来时期，黑龙江省正处于工业化、城市化、信息化、农业现代化的重要阶段，因此，今后商贸物流业将会有更大的发展契机。

1.2.10 酒类流通业

随着经济的发展，酒类行业在产品研发、渠道开发、营销模式方面都有了新的突破和发展。而消费者生活水平的提升，对酒类商品的需求和要求也越来越大和严格。黑龙江省作为酒类生产大省，在中国酒历史上和新中国酒业建设中一直扮演着积极的角色。从计划经济的辉煌迈进到市场经济的负重前行，和其他产业一样，龙江酒业也一直在探索如何为龙江经济的振兴做出更大的贡献。酒类产业在我黑龙江省食品工业中占有重要地位，对推动农业种植结构调整和粮食转化也有重要影响，有很大发展潜力。商务厅按照商务部“加强酒类流通管理监管力度”要求，通过深入调查研究、宣传发动、全力整治、规范经营，有力推动了酒类流通行业的健康良性发展。

1.2.11 沐浴业

沐浴业在黑龙江省有着悠久的历史，随着经济持续稳定发展和人民生活水平的不断提高，沐浴业发展快速发展，成为服务业中的重要组成部分。黑龙江省的沐浴服务业正处于快速发展的上升态势，各种所有制成分的沐浴企业数量迅速增加，企业规模大型化、经营形式连锁化、服务方式多样化日趋明显，就业人数不断扩大，全行业的营业额和缴纳的利税大幅增长。沐浴业的发展对繁荣地方经济，丰富人民文化生活和改善当地人民的质量起着重要的推动作用。黑龙江省的沐浴业正在由过去单一的清洁向休闲、保健、娱乐、餐饮多功能转变。

1.2.12 家庭服务业

家庭服务业是指以家庭为主要服务对象，以家庭保洁、衣物洗涤、烹饪、家庭护理、家电清洗、家庭空气治理、婴幼儿看护等家庭日常生活事务为主要服务内容，由家庭服务经营者提供的营利性服务活动，包括居家服务（保姆）、钟点工、计件工等。发展以家庭为服务对象、向家庭提供劳务、满足家庭生活需求的家庭服务业，对于增加就业、改善民生、扩大内需、调整产业结构具有重要作用。2000 年 8 月，劳动和社会保障部颁布了《家政服务员国家职业标准》，将家政服务员确定为国家的一种职业，也把家政服务业纳入了规范性发展的轨道。随着经济社会的快速发展和人民生活水平的不断提高，家庭服务市场需求急剧上升，已成为城市居民生活中必不可少的一部分。

1.2.13 人像摄影业

改革开放以来，黑龙江省随着经济迅速发展，人民生活水平的不断提高，人像摄影业呈现出旺盛活力，对于满足和丰富时代多样化需求，提高人民生活质量，吸纳社会就业和扩大内需都发挥着重要作用。如今人像摄影的数码技术日益普及，摄影器材更新换代突飞猛进，已取代了胶卷技术成为市场主流技术，黑龙江省人像摄影行业呈现出多元化、个性化发展趋势，市场得到进一步细分，婚纱摄影、儿童摄影、人像艺术摄影、写真等发展迅速，彩色扩印点、各类婚纱、艺术影楼不断涌现，人像摄影业已由传统的照相馆提升和分化为证件照、婚纱摄影、儿童摄影、艺术写真、广告摄影、相片冲印、器材销售和修理等多种经营业态，经营网点逐步向农村延伸，城乡多层次网络体系正在逐步形成。

1.2.14 美容美发业

美容美发行业是继房地产、洗车、电子通信、旅游之后的中国居民第五大消费热点。我国的美容美发行业已形成了以美容、美发、医疗美容、保健美容、造型设计、美容教育、专业美容产品研发、生产、销售为主体的综合性行业。黑龙江省美发美容业总体经营效益较好。美发美容店的经营者普遍认为，他们同餐饮、娱乐、保健等第三产业相比，经营状况处于中等稍好水平，既没有明显优势，也没有明显劣势。黑龙江省美发美容业总体经营效益较好，以中小型店占主流；经济属性以民营经济为主。经营形式以传统方式为主。在经营形态上，独立投资雇人经营方式所占比例最大；合伙投资经营方式次之；连锁、特许加盟等现代经营方式所占比例最小；经营场所以租赁为主。美发美容店经营场所的使用方式以租赁为主，所占比重最高；自有房产和自己买房合计所占比例最低。

1.2.15 洗染业

洗染业是指从事衣物、布草及皮革制品洗涤、熨烫、染色、织补、涂饰保养等经营服务的行业，即是一个历史悠久的古老行业，又是一个发展前景广阔的新兴服务业，作为我国传统的民生服务行业，在扩大消费、改善民生、吸纳就业、促进城镇化发展等方面具有重要作用。洗染业的发展与地区经济发达程度、居民收入水平及居民消费习惯密切相关。黑龙江省洗染业在地域和网点分布上，主要集中在经济较发达的城市。在经营模式上，大中型洗染企业以连锁经营为主，小型干活店以“家庭店”为主，总体来看，民营企业在洗染业中占据着主导地位。洗染服务范围已扩展到居民生活衣物的洗染和饭店、餐饮、医疗、交通、军队等众多领域的公用纺织品洗涤服务。

1.2.16　家电维修服务业

家电维修服务业是指为在家庭和类似环境中使用的用于生活、娱乐及获取信息等目的电子或电器产品，提供维护保养、故障修理、使用咨询指导等服务的法人企业、组织和个体户及经营活动。经过几十年的发展，黑龙江省的家用电器行业已得到很好的发展。但是随着用户数量的激增，特别是许多家庭的家用电器进入了“更新换代期”，家电维修服务业迎来了快速发展期。

1.2.17　石油流通业

石油流通行业是石油产业链和价值链的重要环节。2014 年黑龙江省石油流通行业组织化、现代化、规范化水平显著提高。石油分销体系进一步完善，布局更加合理，零售终端服务功能更加完备，石油流通企业规模明显扩大，企业实力显著增强。

1.2.18　典当业

典当是中国历史上最为古老的非银行性质的金融行业，也是现代银行业的雏形和源头。现代典当业在金融体系中总体上处于独立、边缘和弱势的地位，起到一种弥补不足、调剂余缺的作用。目前，黑龙江省典当机构大多集中在哈尔滨、齐齐哈尔、大庆和牡丹江。主要服务对象为个人、个体工商户和中小企业。典当业务主要有企业房地产以及个人房屋典当；以汽车为主的交通工具典当；黄铂金饰品、珠宝钻石、高档家电、名表、照（摄）像器材等物品的典当三大类。其中房地产典当是最主要的业务。目前典当行的功能定位是为市民提供短期融资的渠道。一些急需资金的中小企业及创业者已经成为典当行的主要客户，典当行已逐渐成为都市人新融资方式。

1.2.19　拍卖业

经济的快速发展、城乡居民收入的大幅度提高，及社会投资日趋多元化，为拍卖业提供了良好的市场环境好发展空间。拍卖业作为商品流通领域的重要组成部分，在促进商品流通、繁荣文化事业等方面发挥了积极的作用。黑龙江省拍卖业不断发展壮大，黑龙江省拍卖业主要呈现以下特点：一是经营范围不断扩大。二是操作手段日益规范。三是拍卖委托人主要集中在政府部门、法院和金融资产管理机构，社会委托较少，拍卖标的主要是房地产、土地、车辆等。四是业务总量增长较快的同时佣金收入水平却不断减少。黑龙江省拍卖业正向市场化、规模化、专业化方向迈进。

1.2.20　二手车

我国二手车市场自 1998 年以后，开始快速启动。同年颁布的《旧机动车交易管理办法》，促使我国二手车市场开始步入规范化轨道，初步实现了二手车由分散向集中交易，无序交易向有序交易的转变，但在价格评估体系及服务收费标准等方面有待提高。2015 年黑龙江省全省交易过户量 17.8 万台，年交易额近 80 亿元，其中亿元以上地区 10 个。

1.2.21　会展业

会展业是会议业和展览业的总称，是一个新兴的服务行业，影响面广，关联度高。会展经济逐步发展成为新的增长点，而且会展业是发展潜力大的行业之一。会展业产业链长、产业关联度大，它不仅可以拉动和促进相关产业的发展，而且对整个国民经济乃至社会发展也会产生深远的影响。当前，黑龙江经济社会发展正处于加速转型的重要时期，必须大力发展会展业，全面提升黑龙江省会展经济，对于促进黑龙江省现代服务业发展，推动产业结构优化升级和经济增长方式转变，提高经济的综合实力和国际竞争力，具有十分重要的意义。

1.2.22 报废业

报废回收拆解和再生利用是节约资源、实现资源永续利用的重要途径，是我国实现循环经济可持续发展的重要措施之一。报废回收拆解业的发展，不仅节约能源，减少矿源开采，保护生态环境，同时，对我国工业的发展、劳动力就业以及对环境保护、减少道路安全隐患都产生了积极推动作用。随着黑龙江省汽车市场不断扩大，报废汽车引发的安全、环保、资源问题以及汽车再制造产业广阔的前景，受到越来越多的重视。

2 商业景气指数理论及方法

2.1 国内外商业景气指数研究动态

2.1.1 国外研究现状

国外的经济发展水平远远超过国内，对经济的研究水平也是如此。如美国、英国等国家对景气的研究和应用可以追溯到十九世纪末期，最早的记载是在十九世纪八十年代的巴黎统计学人会上，许多学者都在尝试建立一个可行的理论来证明经济的确存在景气情况。但是，当时的研究仅仅限于理论，普遍缺乏量化的研究，真正比较成系统的研究是在20世纪初期开始的，这种发展是由于20世纪初期资本主义危机的频繁出现以及统计学方法的进步。1909年，美国经济统计学家巴布森（Babson，1909）创办世界上最早的景气监测机构——巴布森统计公司，定期发布反映美国宏观经济状态的巴布森经济活动指数。1917年，哈佛大学专门设立了由著名经济学家珀森斯（W. M. Persons，1917）教授主持的“经济调查委员会”，编制了“美国商情指数”（即哈佛指数）。这是这一时期，影响最为显著的景气指数，其最大的特点是在大量经济统计指标中发现了经济时间序列上存在着比较有规律的超前滞后关系，这也是目前先行、一致、滞后指标选取方法的前身。1950年，在美国国家经济研究局的G. H. Moore从近千个统计指标中选出了21个具有代表性的先行、一致、滞后指标，并建立了扩散指数，改变了哈佛指数只从股价、生产、货币三个方面测定经济周期的模式，全面反映了国民经济运行状态。由于扩散指数不能测定经济波动的振幅，J. Shiskin主持开发了合成指数，改善了扩散指数不能反映经济强弱的缺点。20世纪60年代初期，美国商务部率先利用经济景气指数对公众做出宏观经济走势的预判，当时在刊物《经济循环发展》上按月度来对经济的走势做出报道，形式采用数据和图标的方式。伴随着一次次的经济波动的打击，人们逐渐认识到经济景气预警研究的重要性，并在经济周期认识的基础上，努力研发各类景气的测算方法，并发布各类景气分析数据。

1963 年，法国政府为配合第四个五年计划制订了“景气政策信号制度”，借助不同的信号灯颜色，对宏观经济做出简明、直观的评价。1966 年，日本经济企划厅在其经济白皮书中发布了“日本景气警告指数”，对正处于调整增长阶段的日本经济分别以红、黄、蓝等颜色给出评价。1970 年，联邦德国也由国会专家委员会编制了类似的警告指数。这样经济景气监测预警系统不仅能够指示景气动向，而且能以简明、直观的方式给出对经济状态的评价，这一功能的增加，尤其有利于广大厂商的经营决策。自 20 世纪 70 年代初期起，经济景气监测预警系统本身初步定型，并开始出现国际化的趋势。一方面是国际性景气监测预警系统的出现，另一方面则是由工业化国家向发展中国家扩展。1979 年美国国家经济研究局（NBER）与哥伦比亚大学美国国际经济循环研究中心合作建立了一个美国、加拿大、法国、英国、德国、意大利、日本等 7 个发达国家为基础的国际经济指标系统（IEI），用以监测重要国家的景气变动。该系统具有 4 个功能①迅速地监测世界性的衰退和复苏；②测度周期性衰退的范围与程度；③评价对外贸易前景；④对通货膨胀提出预警信号。之后的一些国际性组织也出现了相应的景气系统研究。拥有西方 20 多个国家的经济合作组织（OECD），在 1978 年通过决议，建立了应用先行指标系统来监测成员国经济动向的机构。欧共体也于 1980 年、日本于 1984 年开始了区域景气变动的测定。我国也于采用市场经济的管理方式后，测算并公布了部分有关的景气指数资料。日本亚洲经济研究所在 1984 年开展了短期经济预测项目“区域经济周期波动”。在此之后，日本经济计划厅编制了主要用来测度整个日本经济活动所处状态的一致经济指标的复合指数。1996 年，Diebold 和 Rudebusch 进一步提出了具有状态转移特征的动态因子模型。斯道克和沃斯顿借助动态因子模型对景气指数的研究，发现了反映经济变量协同变动的共同成分，得出 SW 景气指数是最具影响作用的。英国伦敦与剑桥经济研究所编制了英国商业循环指数，瑞典经济统计学家编制了瑞典商情指数而德国 IFO 研究机构编制的 IFO 商业景气指数在商业领域较为有名，被作为观察德国经济状况的重要指标。

2.1.2 国内研究现状

国内对景气指数的编制和研究是从20世纪80年代开始的。1985年，我国学者乌家培等人首次提出社会主义经济增长中的周期性波动问题。1988年，国家信息中心最早发布了我国经济预警信号系统。1994年，陈磊、高铁梅利用 S－W 景气指数对中国宏观经济形势进行了分析。2003年，高铁梅、王金明使用合成指数对中国当时的经济过热现象进行了监测。国内景气指数的研究呈现了多种类型，例如宏观经济景气指数、企业景气指数、国房景气指数、房地产开发景气指数等等。以编制的机构分类，又有南开经济景气指数、中经产业景气指数等等类型。南开经济景气指数由南开大学经济研究所长期编制发布，指数从货币经济的角度，基于宏观经济存量—流量分析方法，建立指标体系，分析经济景气状况，预测宏观经济走势。中经产业景气指数由经济日报社中经趋势研究院和中国社科院数量经济与技术经济研究所共同编制，分为工业、装备制造、煤炭、石油、电力、钢铁、有色金属、水泥、化工、家电、服装、乳制品共十二个部分，对上述行业和领域的现状及趋势进行全景式分析与研判。国家统计局发布的企业景气指数是根据企业家对本企业综合生产经营情况的判断与预期（通常为对“好”、“一般”、“不佳”的选择）而编制的指数，用以综合反映企业的生产经营状况。随着经济分析预测工具和方法的不断完善，国内研究机构对景气指数的系统研究也日益增多，并取得一批可喜的成果。

国内还有部分研究对集群性商业进行景气指数的编制，比较有代表性的是义乌小商品景气指数和王府井北京商情指数。义乌小商品景气指数由国家商务部负责立项、论证、验收和发布，并授权义乌市政府组织可行性研究和指数的编制工作。全面反映义乌小商品价格和市场景气活跃程度的综合指数，主要由小商品价格指数和小商品市场景气指数及若干单独监测指标指数构成。王府井北京商情指数主要从商业企业的运营状况、市场的活跃程度、王府井地区、零售物价水平、企业家预期、消费者预期等六个方面进行考虑。其商情指数由商业企业经营状况指数、零售市场指数、王府井地区指数、零售物价指数等四个分指数构成。

2.1.3 商业景气指数的意义

商业景气指数是各行各业发展的重要标志和晴雨表，也是大数据时代市场信息的一个重要组成部分。黑龙江省商业景气指数在建立商务数据和综合分析的基础上，反应黑龙江省各个行业发展水平，使之成为政府和企业各部门科学指导和发展的重要基础，成为科学制定行业规划政策的依据，为构建商业发展建设提供重要支撑。编制商业景气指数主要的作用有三方面：

1. 正确评价当前宏观经济或行业运行状态。所谓评价当前宏观经济或行业运行的状态，其重点不在于对宏观的历史成就进行全面总结，而在于恰当地反映当前经济形势及行业发展的冷热程度或正常与否。能够承担短期经济形势分析的指标，不仅要依据经济理论去设计，而且要从统计分析中去选择，这是建立景气指数的基本任务。

2. 准确预测未来经济或行业可能发展的趋势。景气指数分析应该在经济发生重大转折之前，及时发现信息，起到预警作用：宏观经济运行中的问题常常在一些指标的变化中先行暴露或反映出来，这类变量构成了宏观经济运行的晴雨表或指标器。解决预报问题，除了要解决指标的选择问题之外，还要解决预测的方法和手段问题；此外，还需要预测人员具有敏锐的鉴别力和洞察力。

3. 有效提供宏观经济或行业调控的政策依据。对经济与行业运行状况进行评断和预测并不是编制景气指数的终极目的，终极目的是对经济运行中的不正常状态进行及时调控，在经济与行业出现异常或处于收缩期时，制定相应的激励和政策措施，在可能的范围内降低经济波动对整体经济或行业的消极影响。

2.2 商业景气指数内涵

2.2.1 商业的内涵

目前在全国发行的辞典和有关商业经济学方面的教科书中，对商业下的定义有许多种。现摘要如下：

1. “商业是商品交换的发达形式”（《中国商业百科全书》经济管理出版社，1991 年 12 月版）；

2. “商业是从事商品流通的国民经济部门”（《辞海》经济分册，1980 年 12 月版第 391 页）；

3. “商业是专门组织商品流通的国民经济部门”（《经济学辞典》中国经济出版社，1990 年 8 月版第 117 页）；

4. “商业是专门从事和媒介商品流通的独立的社会职能部门”（《商品流通经济学》吉林人民出版社，1987 年 11 月版第 38 页）；

5. “商业是组织商品流通的一个经济部门”（《社会主义商业经济学新编》吉林人民出版社，1988 年 5 月版第 22 页）；

6. “商业是专门从事商品交换的独立的经济事业”（《社会主义商业经济学》陕西教育出版社，1990 年 8 月版第 9 页）。

定义如此不统一，以至于造成了有关理论的混淆不清，降低了商业经济理论对商业实践的指导效能。随着社会主义市场经济的发展，市场机制逐渐牵动着社会生活的各个方面，其趋势是内外贸一体化、工贸一体化、农贸一体化和技贸一体化等等，加之第三产业发展带来的越来越细的社会分工，使交易行为正在渗透到各个行业之中。在这种新形势下，非常有必要重新对商业定义的现实性和严格性进行思考，并力求给商业确定一个适合我国现实的和在全国范围内统一的定义。

商业定义的严格性应具有相互联系的三重性质：即逻辑性、客观性和统一性。所谓逻辑性，是指涵盖准确没有逻辑错误，即所指范围及其反映的关系必须准确；所谓客观性，是指定义要适用其使用的时代。绝大部分定义随着时代的发展内涵要发生变化，这就要求概念必须真正地反映现实；所谓统一性，是指定义应该被全社会共同接受，取得使用者的广泛认同。商业的科学定义，应该具备以上这三个性质。它必须以商品流通的基本理论为出发点；以我国改革和市场经济发展的现状为背景，以我国经济发展的实用意义为目标，用形式逻辑的方法来严格确定。

2.2.2 景气概念

“景气”泛指兴旺、繁荣、上升之状态，而“不景气”则泛指衰退、萧条、下降之状态。学术界对于“景气”这一概念一般有两种不同的定义：1. 景气是指经济周期波动中的耀荣时期或上升阶段。2. 景气是指经济周期波动过程中交替出现的扩张和收缩、繁荣与萧条、高涨与衰退的现象，即经济活动的状态活跃的程度。

景气分析，英文原词为 Business Cycle Analysis，直译为“商业循环分析”。景气分析是统计分析中的一项重要内容，其研究对象是市场经济条件下宏观经济现象的波动，即经济运行过程中交替出现的扩张和收缩、繁荣与萧条、高涨与衰退现象。景气分析把经济现象的周期性波动分成扩张期和收缩期，并用“峰”和“谷”分别表示两个阶段的转折点。景气分析方法采用若干个指标编制出的指数作为描述周期性波动的主要形式。通过对宏观经济指标的分析，综合判断社会经济运动的状态；通过编制指数预测未来社会经济发展趋势；设定状态界限、预告社会经济形势。

景气分析是在大量的现有统计指标基础之上，筛选出具有代表性的指标，建立一个宏观经济监测指标体系，并以此建立各种指数或模型，来描述宏观经济的运行状况和预测未来走势。

2.2.3 景气指数的内涵

景气指数也叫循环指数，是用来反映某类市场偏离均衡状态及其程度的统计指标。历史上测算该指标的做法很多，其主要方法的演变过程，可以总结为从单一指标描绘向众多指标综合的过程，即从最初的就单一统计指标来测算商业循环指数，到如今的各类指数（如企业家信心指数、消费信心指数、经理人指数等等）齐全的繁杂并存局面。景气指数是景气分析的主要手段，是宏观管理部门经常用以观测社会经济的途径，是社会经济短期发展预测和波动研究的重要方法。利用景气指数是一种实证的景气观测方法。它的基本出发点为：经济周期波动是通过一系列经济活动来传递和扩散的，任何一个经济变量本身的波动过程都不足以代表宏观经济整体的波动过程。因此，为了正确地测定宏观经济波动状况，必须综合地考虑生产、消费、投资贸易、财政、金融、企业经营、就业等各领域的景气变动及相互影响。各领域的周期波动并不是同时发生的，而是一个从某些领域向其他领域，从某些产业向其他产业，从某些地区向其他地区波及、渗透的极其复杂的过程。基于这种认识，从各领域中选择出一批对景气变动敏感，有代表性的经济指标，用数学方法合成为一组景气指数（超前、同步、滞后），以此作为观测宏观经济波动和预测未来趋势的综合尺度。

每类指标可以采用不同的方法测算景气指数，因此可以形成不同视角的各类景气指数，这些景气指数便构成了景气指数体系。它们反映着不同市场的、不同时滞的、不同功能的、不同时空范围的景气变动情况。而且，随着计算机和互联网的技术发展，景气指数体系的范围也越来越复杂。20 世纪 80 年代到 21 世纪初，景气指数理论主要以扩散指数 DI 与合成指数 CI 为主要工具，目前这两类指数仍然是景气观察指标核算的主要方法。

商业景气指数方法就是从大量的经济指标中筛选出具有代表性的指标，建立一个商业经济监测指标体系。在此基础上，根据不同的变量参与商业经济波动各个阶段的先后顺序来确定基准点，再根据专家意见确定各转折点的时期，由此构成商业景气基准循环。据此，把一系列监测指标划分为先行、一致和滞后三大类基本指标。以各类指标为基础，进行数理统计分析，得出商业景气指数。

2.3 商业景气指标体系

2.3.1 指标选取的原则

经济波动现象不是单一孤立的，而是相互联系与制约的，在建立商业景气指标体系时，不仅要考虑到指标体系的完备性，而且要顾及到指标间反映监测主体的非重复性，尽可能使所建立的指标体系为指标集中的最小完备集。

1. 经济涵义的重要性原则。不同指标反映经济活动的不同侧面与内容的变化特征，并且对于同一活动所起的作用或影响也不尽相同。所以选择具有重要经济涵义对经济波动作用贡献较大的指标尤为重要。

2. 指标的变动灵敏可靠性原则。经济指标反映经济变动具有不同的灵敏性与可靠性，有些指标在经济即将发生或刚发生变化时，就表现出超前的征兆，而当它们上升或下降时，一般有较大概率预示着总体经济活动的扩张和收缩，主要用于领先指标的选取。

3. 指标变动的代表性原则。指标变动常常是相互制约、相互联系的。对于某经济现象具体变动特征，也常常表现出一个指标与几个指标或一组指标所反映的某些特征几乎是等价的，因此指标间存在着一定的可替代性。

4. 指标变动规则的稳定性原则。经济指标变动的轨迹大多不是呆板或机械的。而且，一般指标的波动性能也不是很稳定，这给经济分析带来了相当大的困难，选择波动稳定性强的指标对于建立景气指数是大有帮助的。

5. 指标数据的及时性和可得性原则。构成景气指数中的指标对数据的时效性要求较高，往往近期数据更能反映当前景气状况，实际中有些数据是无法得到的，所以分析时一定要考虑数据是否可以掌握。

2.3.2 季节变动调整

经济统计中的月度和季度指标数据往往含有季节成分，使得同样的经济活动在不同季节的数据是不可比的。为了消除季节带来的这些不可比因素，以取得适于分析目的的信息，需要进行季节调整。季节调整是一个数学过程，通过这个过程，将循环的非经济因素的影响从一个经济的时间序列中剔除出去。随着时间序列分析理论的日益成熟和计算机科学技术的不断进步，季节调整方法研究在欧美发达国家得到了快速发展，目前 X－11 方法已成为世界各国进行季节调整的标准方法。X－11 方法是基于移动平均法的季节调整方法。它的特征在于除了能适应各种经济指标的性质，根据各种季节调整的目的，选择计算方式外，在不作选择的情况下，也能根据事先编入的统计基准，按数据的特征自动选择计算方式。在计算过程中可根据数据中的随机因素大小，采用不同长度的移动平均，随机因素越大，移动平均长度越大。X－11 方法是通过几次迭代来进行分解的，每一次对组成因子的估算都进一步精化。

1. 各种变动要素的构成。经济时间序列通常受多种因素的影响。一般而言，可以按照以下模型分解：

$$y_t = T_t + S_t + C_t + I_t$$

$$y_t = T_t \times S_t \times C_t \times I_t$$

其中，y_t 是经济时间序列，T_t 是趋势项，S_t是季节项，C_t是循环（周期）项，I_t是不规则项。一般情况下，如果各项相互独立则采用加法模型，如果相互关联则采用乘法模型。趋势项代表着时间序列的长期趋势。它的特点是变化平稳。这些变化是由经济的结构性变动引起的，比如人口的增长、技术的进步、资本的累积等。循环项的特点是随着不同的时期进行周期性变化，它所反映的是经济的繁荣与衰退。相对于趋势项而言，循环项更偏重于反应时间序列的瞬间变化。季节项反映时间序列在不同年份的相同季节所呈现的周期性变化。它通常是由气候因素、日历结构、行政记录的截止时间等所引起的。季节项的存在不利于短期数据分析，因此需要从原始数据中去掉季节项以便于进行经济学上的监测和分析。不规则项包含狭义不规则影响、异常值、其他不规则影响等所有的不可预测的影响因素。

在 X－11 方法中，原序列的变动假定由下面四个要素构成：

①趋势·循环要素（TC）；

②季节变动要素（S）；

③不规则变动要素（I）；

④周工作日变动要素（D）。

因经济指标的性质不同，这几种要素的构成也不同，同时季节调整的计算步骤也不一样，下面具体列举其不同的构成方法。

（1）月度序列的乘法模型：

$Y = TC \times S \times I'' \times D''$

$Y = TC \times S \times I'' \times D'$

$Y = TC \times S \times I' \times D'$

$Y = TC \times S \times I'$

其中，D_p：先验的周工作日调整要素；

D_r：由回归式估计的周工作日变动要素；

P ：先验的月份调整要素；

E ：特异项；

I ：残存的不规则要素。（下同）

$D'' = D_p \times D_r$，$D' = D_r$，$I'' = P \times E \times I$，$I' = E \times I$。

（2）月度序列的加法模型：

$Y = TC + S + I'' + D_r$

$Y = TC + S + I' + D_r$

$Y = TC + S + I'$

其中：$I'' = P + E + I$，$I' = E + I$。

（3）季度序列的乘法模型：

$Y = TC \times S \times I' \quad (I' = E \times I)$

（4）季度序列的加法模型：

$Y = TC + S + I' \quad (I' = E + I)$

2. 月份调整。月份调整（Prior Monthly Adjustment）是在季节调整之前，根据工作日数进行调整，主要是去掉节假日或其他原因造成的给定月份在不同年份之间工作日数多少的差别，这项调整只针对月度数据。例如，在我国春节法定假日 3 天，但春节有时在一月份，有时在二月份，还有一月、二月里都有春节的假日，这样对在春节放假期间不生产或不营业的行业的某些统计指标影响就很大。

如果进行这一调整，需要用户提供月调整因子序列 P（Prior Monthly Adjustment Factors），这里 $P = \{p_1, p_2, \cdots, p_n\}$，其中 p_j 为 j 月的调整因子，n 为总月数。例如，我国新年放假 1 天，春节放假 3 天，“五一”节放假 2 天，国庆节放假 3 天，还有某年某月份因某种原因停产或停止营业的天数，从相应的月中扣除这些天数就得到实际工作天数的序列，可作为月调整因子序列。下面结合乘法模型讨论 P 序列的确定方法。

注意对时间序列 Y 进行月份调整时，在乘法模型的情况下，采用除法，设 $\tilde{Y}$ 是调整后的序列，则

$$\tilde{y}_j = y_j / p_j, \quad j = 1, 2, \cdots, n \tag{2-1}$$

对于全星期不停产的企业和不停业的商店，P 序列可以是扣除了节假日的实际月工作天数序列，对于每星期休息 1 天或 2 天的企业和商业部门，P 序列可以是每月扣除节假日及休息日的实际工作天数序列，这样由（2－1）式得到的 $\tilde{Y}$ 序列是按工作日的月平均日值序列。P 序列也可以这样选择，已知每月的实际工作天数 D_j 及一段期间内的每月平均工作天数 $\overline{D}_L(L = 1, 2, \cdots, 12)$，用每月的实际工作天数除以相应的月平均工作天数，就可得到工作天数调整系数序列（表 2－1 是 2 月份的例子）

$$p_j = D_j / \overline{D}_L, \ j = 1, 2, \cdots, n \tag{2-2}$$

这样由（2－1）式得到的月份调整后的 $\tilde{Y}$ 序列仍是月值序列。

在加法模型的情况下，采用减法：

$$\tilde{y}_j = y_j - p_j, \ j = 1, 2, \cdots, n \tag{2-3}$$

这里 P 序列不能是天数，而应是和 Y 同量纲的绝对量序列，即假日、或休息日，或停产（停业）日对指标绝对量的影响部分。

表 2－1　　　　计算 2 月份实际工作天数的调整因子

年	实际工作天数 D_{j_2}	调整因子 $p_{j_2} = D_{j_2} / \overline{D}_2$
1982	21	0.9633
1983	21	0.9633
1984	22	1.0092
1985	21	0.9633
1986	21	0.9633
1987	24	3009
1988	22	1.0092
1989	21	0.9633
1990	24	3009
1991	21	0.9633
平均 $\overline{D}_2$	21.8	

注：j_2 为 2 月份数据在序列中的序号。

3. 周工作日调整。所谓周工作日调整是从原序列中抽出因各月的周工作日（星期结构）不同而造成的变动。比如，百货商店的销售额受该月周围企业的休息日，以及百货商店的休息日数量的影响。这种情况下，除调整季节变动外，还应进行周工作日调整。

X－11 方法中的周工作日调整有两种。一种是用户已了解该指标的周工作日变动状况，在季节调整前，由用户先验地指定星期一至星期日各自的权数，从而得到周工作日调整要素，进行周工作日调整，称为先验的周工作日调整；另一种是在计算过程中，由计算程序通过回归分析自动求出星期一至星期日的权重，得到周工作日变动要素，然后根据 F 检验来判定是否进行周工作日调整。

（1）先验的周工作日调整。为了求出周工作日要素 D_p，用户要输入星期一，二，……，日的权数 $WEI_i(i=1,\cdots,7)$，则：

$$D_{pj} = \sum_{i=1}^{7}(x_{ij} \times WEI_i)/A_j \tag{2-4}$$

式中，x_{ij}为第 j 个月中星期 i 的天数（此项由程序计算），A_j 为第 j 月的天数，并且 $\sum_{i=1}^{7} WEI_i = 7.0$。于是，从 Y 中扣除 D_p，就进行了先验的周工作日调整。设 $\tilde{Y}$ 为先验的周工作日调整后的序列，乘法模型为：

$$\tilde{y}_j = y_j/D_{pj}, \quad j=1,2,\cdots,n \tag{2-5}$$

注意：加法模型不适合做先验的周工作日调整。

（2）利用回归分析进行周工作日调整。在 X－11 中，假设周工作日变动要素包含在不规则要素中，即不规则要素的形式是 ID_r，假设已从原序列分解出 ID_r。下面用回归分析求出星期一至星期日的相应权重，从而可以将 ID_r 分解为真正的不规则要素 I 和周工作日变动要素 D_r。

乘法模型：

$$ID_{rj} - 1.0 = \frac{x_{1j}B_1 + x_{2j}B_2 + \cdots + x_{7j}B_7}{A_j} + I_j \tag{2-6}$$

加法模型：

$$ID_{rj} = x_{1j}B_1 + x_{2j}B_2 + \cdots + x_{7j}B_7 + I_j \tag{2-7}$$

式中，ID_{rj}为含第 j 月周工作日变动要素 D_r 的不规则要素；x_{ij}为 j 月

中星期 i 的天数($j=1,\cdots,n$)；B_i 为星期 i 的权重（$\sum_{i=1}^{7} B_i = 0$）；A_j 为 j 月的天数，2 月取 28.25 天；I_j 为真正的不规则要素。

设由此得到的 B_i 的估计值为 b_i 时，则 j 月的周工作日变动要素可由（2-6）式或（2-7）式求得，由乘法模型得到：

$$D_{rj} = \{x_{1j}(b_1+1) + x_{2j}(b_2+1) + \cdots + x_{7j}(b_7+1)\}/A_j \qquad (2-8)$$

注意：在进行先验的周工作日调整的情况下，用（2-4）式中的权数 $WEI_i(i=1,\cdots,7)$ 代替（2-8）式中的 1，即 b_i+1 应该用 b_i+WEI_i 来代替。由加法模型得到：

$$D_{rj} = x_{1j}b_1 + x_{2j}b_2 + \cdots + x_{7j}b_7 \qquad (2-9)$$

4. 特异项的修正。特异项是在不规则变动中具有显著异常值的项（如罢工、气候恶劣的影响、数据的误差等等）。为了准确地分解经济时间序列中的各因素，必须预先修正原序列，使之不受异常值的影响。

（1）特异项的界限值的设定。假设已从原序列中分解出不规则要素 I。为了排除不规则变动要素 I 中的异常值，需要计算 I 的 5 年移动平均标准差（下面以月度数据为例）。首先计算初始的 5 年移动平均标准差，记为$\{\sigma_j^0\}$，即

$$\sigma_j^0 = \sqrt{\frac{1}{60}\sum_{i=j\times12-36+1}^{j\times12+24}(I_i - \bar{I}_j)^2}, \quad j=3,4,\cdots,m-2 \qquad (2-10)$$

式中 $\bar{I}_j$ 是 I 序列的 5 年移动平均值，m 是 I 序列的年数。让 σ_j^0 对应于 5 年期间的中心年，每年计算出一个 σ_j^0，故$\{\sigma_j^0\}$是一个年度序列。当采用乘法模型时，将满足 $|I_i-1|>2.5\sigma_j^0$ 的 I_i 认为是特异的，在采用加法模型时，将 $|I_i|>2.5\sigma_j^0$ 的 I_i 认为是特异的。除去这些 I_i，由下式

$$\sigma_j = \sqrt{\frac{1}{60-a}\sum(I_i - \bar{I}_j)^2}, \quad j=3,4,\cdots,m-2 \qquad (2-11)$$

再次算出 5 年移动标准差，记为$\{\sigma_j\}$，式中 a 是特异值的个数。$\{\sigma_j\}$序列两端各缺少 2 项，分别采用距离始端和终端第 3 年的$\{\sigma_j\}$来代替两端欠缺的 2 年的 σ_j 值。

在 X-11 中，特异项的界限值取为

$|I_i-1|>2.5\sigma_j$ （乘法模型）

或

$|I_i| > 2.5\sigma_j$　　（加法模型）

这样的 I_i 值为特异值。

（2）特异项的修正。首先来计算修正的权数 w，

$$w_i = \begin{cases} 0, & \text{当} |I_i - 1| > 2.5\sigma_j \text{时} \\ 1, & \text{当} |I_i - 1| < 1.5\sigma_j \text{时} \\ 2.5 - |I_i - 1|/\sigma_j, & \text{当} 1.5\sigma_j \leqslant |I_i - 1| \leqslant 2.5\sigma_j \text{时} \end{cases} \quad (2-12)$$

$i = 1, 2, \cdots, n$（n 是 I 序列的月数），$j = 1, 2, \cdots, m$

采用加法模型时，（2－12）各式中的 $|I_i - 1|$ 换成 $|I_i|$ 即可。

利用上述的不等式可修正 I 序列的特异项：对应于 $w_i < 1$ 的 I_i，以该 w_i 为权，与相近的前后各两项的 $I_{i-2}, I_{i-1}, I_{i+1}, I_{i+2}$（注意所取的项所对应的 w 必须等于1，否则取旁边的值）共5项作加权平均，用这样得到的值 $\tilde{I}_i$ 替换 I_i。若对应于 $w_i < 1$ 的 I_i 位于两端时，以该 w_i 为权，与其相近的3项 $w_i = 1$ 的 I 值共4项作加权平均，用得到的这个平均值 $\tilde{I}_i$ 替换 I_i。修正特异项后的 I 序列记为 I^w。

5. X－11方法中移动平均项数的选择方法。由于不同的经济指标所含的随机因素的干扰程度不同，这样有的经济时间序列具有较剧烈的随机变动，而有的经济时间序列的随机变动则较平缓。通常移动平均的项数越多，排除随机因素的概率越大。然而，移动平均的项数越多，在移动平均中损失的信息也越多。m 项移动平均在数据序列的始端和终端各损失 $(m-1)/2$ 个数据。数据序列的始端损失的信息，影响不大，而终端损失的信息，对分解的精度影响很大。为了解决这一问题，可以用较短长度的移动平均。然而对某些指标，较短长度的移动平均又不能完全消除随机因素，所以用固定项数的移动平均方法去排除随机因素，显然是不合适的。从而选择移动平均的适宜长度成为时间序列分解方法的重要内容。

（1）从 TCI 序列中分解 I 序列。假设已从原序列 Y 中去掉了季节要素 S，得到 TCI 序列。为了从 TCI 序列中获得趋势·循环要素 TC，必须消除不规则要素 I，所使用的是亨德森（Henderson）加权移动平均方法。

亨德森加权移动平均有5，9，13，23项之别，不规则要素越大，需要的项数也越大。为了选择合适的移动平均项数，先采用亨德森13项移动平均求出初始的 TC 和 I 序列（以乘法模型为例）：

$$TC_i = (TCI_i)^{\to(H,13)}$$
$$I_i = TCI_i / TC_i \qquad (2-13)$$

式中 $(H,13)$ 表示13项亨德森加权移动平均。分别求出序列 TC 和 I 对前月变化率的绝对平均值，即

$$\overline{TC} = \frac{1}{n-1}\sum_{i=2}^{n}\frac{|TC_i|}{|TC_{i-1}|} \qquad (2-14)$$

$$\bar{I} = \frac{1}{n-1}\sum_{i=2}^{n}\frac{|I_i|}{|I_{i-1}|} \qquad (2-15)$$

然后根据 $\bar{I}/\overline{TC}$ 的值选择亨德森移动平均的项数。

表2-2　亨德森移动平均的项数选择

$\bar{I}/\overline{TC}$	选择移动平均的长度 m
0.0—0.99	9项亨德森移动平均
1.0—3.49	13项亨德森移动平均
3.5以上	23项亨德森移动平均

按照表2-2选择的项数，做亨德森移动平均就可求出趋势·循环要素

$$TC_i = (TCI_i)^{\to(H,m)} \qquad (2-16)$$

式中 (H,m) 表示 m 项亨德森加权移动平均。对于季度数据，一般都采用亨德森5项加权移动平均。

（2）选择月别（季别）移动平均的项数。假设已从原序列中分解出季节·不规则要素 SI。在X-11中对于季节·不规则要素 SI 的分解，都是采用月别（季别）移动平均来处理的（以下以月度数据为例进行说明）。月别移动平均是按月份对 SI 做移动平均，目的是把不规则要素 I 排除掉，记以 $(SI)^{\downarrow(m)}$（m 是项数）。例如 SI 序列的4月份的值如表2-3第二栏，则进行3×3项月别移动平均 $(SI)^{\downarrow(3\times3)}$ 的算法如表2-3所示。为了选择月别移动平均的项数，首先采用7项月别移动平均从季节·不

规则要素 SI 中分解出 S 和 I：

$$S_i = (SI_i)^{\downarrow(7)}$$

$$I_i = SI_i / S_i \qquad (2-17)$$

分别按月求出序列 S 和 I 的对前年变化率的绝对平均值：

$$\bar{S}_j = \sum \left| \frac{S}{S_{-12}} - 1 \right| \Big/ (m-1)$$

$$\bar{I}_j = \sum \left| \frac{I}{I_{-12}} - 1 \right| \Big/ (m-1) \quad j = 1, 2, \cdots, 12 \qquad (2-18)$$

式中 m 是序列的年数。

表 2-3　　月别移动平均的计算例子

年份	4 月份的值	在开始和结尾部分各引进两个附加值	3×3 项移动平均值	
			3 项移动平均值	3×3 移动平均值
		$(99+99.3)/2 = \begin{cases} 99.15 \\ 99.15 \end{cases}$	- 99.10	- -
1950	99	99.00	99.15	98.63
1951	99.3	99.30	97.63	98.85
1952	94.6	94.60	97.77	98.80
1953	105.4	105.4	99.00	99.68
1954	97.8	97.80	100.27	98.95
1955	97.7	97.70	97.57	98.45
1956	97.3	97.30	97.50	97.50
		$\frac{97.7+97.3}{2} = \begin{cases} 97.5 \\ 97.5 \end{cases}$	97.43 -	- -

然后求出比值 $\bar{I}_j / \bar{S}_j$，这个比值称做 MSR（Moving Seasonal Ratio）。月别移动平均的项数是根据 $MSR_j(j=1,\cdots,12)$ 的值确定的。

再按照表 2-4 选择的项数 m 做月别移动平均便可以得到季节变动要素 S：

$$S_i = (SI_i)^{\downarrow(m)} \qquad (2-19)$$

6. X-11 方法中的简明统计。在 X-11 中对各种分解要素给出了一套简明的统计分析结果，以便用户以此来分析经济指标的特性和季节调

表 2-4　　月别移动平均的项数选择

MSR_j（$\overline{I}/\overline{S}$）	移动平均项数 m
0—1.49	3 项
1.5—2.49	3×3 项
2.5—4.49	3×5 项
4.5—6.49	3×9 项
6.5—	3×15 项

整的效果。本节中，设 Y 为原序列，当用月度数据时，MQ 取为 12；当用季度数据时，MQ 取为 4。

（1）计算对前月（季）比（差分）的变化率序列。

①原序列 Y 对前月（季）比（差分）的变化率序列：

$$(R_Y)_i = \frac{Y_i}{Y_{i-1}} - 1 \qquad \text{（乘法模型）}$$

$$(R_Y)_i = Y_i - Y_{i-1} \qquad \text{（加法模型）} \qquad (2-20)$$

$i = 1, 2, \cdots, n$

②季节调整后序列 TCI 的对前月（季）比（差分）的变化率序列 R_{TCI}：

$$(R_{TCI})_i = \frac{TCI_i}{TCI_{i-1}} - 1 \qquad \text{（乘法模型）}$$

$$(R_{TCI})_i = TCI_i - TCI_{i-1} \qquad \text{（加法模型）} \qquad (2-21)$$

$i = 1, 2, \cdots, n$

比较 R_Y 和 R_{TCI} 这两个变化率序列，后者应比前者变化幅度小些。

（2）计算各要素的特性值。首先定义计算间隔 j 月（季）的变化率（量）的绝对平均值 M_j 的公式：

$$M_j = \frac{100}{n-j}\sum_{i=j+1}^{n}\left|\frac{L_i - L_{i-j}}{L_{i-j}}\right| \qquad \text{（乘法模型）}$$

$$M_j = \frac{100}{n-j}\sum_{i=j+1}^{n}\left|L_i - L_{i-j}\right| \qquad \text{（加法模型）} \qquad (2-22)$$

$j = 1, 2, \cdots, MQ$

将（2-22）式中的 L 分别用原序列 Y、季节调整后序列 TCI、不规

则要素序列 I、趋势·循环要素序列 TC、季节要素序列 S、月份调整因子序列 P、周工作日变动要素序列 D 及仅去掉了不规则要素的 TCS 序列来替换，就得到了各自的间隔 j 月（季）的变化的特性值，分别用 M_Y，M_{TCI}，M_I，M_{TC}，M_S，M_P，M_D，M_{TCS} 来表示，可以用这些值来分析季节调整的效果：

①由于去掉了季节要素，变化程度减弱了，原序列 Y 和季节调整后的序列 TCI 相比较，应有 $(M_Y)_j \geq (M_{TCI})_j$，$j=1,\cdots,MQ$。

②由于不规则要素 I 是随机变量序列，所以 $(M_I)_j$ 对于不同的 j 没有明显的差别。

③由于季节要素 S 是以一年为周期变动，在 $j=MQ$ 时，应明显地小。

④在该经济指标中，如果趋势·循环要素占支配地位，则 $(M_{TC})_j$ 应随着 j 递增。

（3）计算 MCD 值。在讨论序列的光滑性时，常常使用 MCD（Months for Cyclical Dominance）间隔方式的概念，MCD 值是趋势·循环要素变化率的绝对平均值大于不规则要素变化率的绝对平均值的最短月（季）数。平滑序列的 MCD 值较小，不规则变动要素大的序列的 MCD 值较大。首先计算下面的比值

$$MR_j = \frac{(M_I)_j}{(M_{TC})_j}, \quad j=1,2,\cdots,8 \tag{2-23}$$

这 8 个比值说明在间隔不同月（季）数时不规则要素和趋势·循环要素的比例关系，MCD 取 MR_j 中最先小于 1 的间隔月（季）数 j'，即

$$MCD = j' \tag{2-24}$$

例如：

MR_1	MR_2	MR_3	MR_4	MR_5	……
3.5	2.1	1.6	0.9	0.6	……

在这种情况下，取 $MCD=4$。

当 $j' \geq 6$ 时，取 $MCD=6$。若 $j' \leq 3$，则取 $MCD=3$。

（4）计算平均游程（Average Duration of Run）。首先定义符号序列：

$$S_i=\begin{cases}+ & (\text{比 } i-1 \text{ 月增加或相等}) \\ - & (\text{比 } i-1 \text{ 月减少})\end{cases} \quad (i=1,2,\cdots,n) \tag{2-25}$$

$$ADR=\frac{\text{数据个数}}{S\text{ 序列中改变符号的次数}} \tag{2-26}$$

ADR 值表示了序列中正号和负号发生变化的平均延续时间，即序列中同方向变化的频度。分别对 *TCI* 序列，*I* 序列和 *TC* 序列计算 *ADR* 值。*ADR* 值越大，说明序列的变化越平缓，*ADR* 值越小，说明序列的变化越剧烈。在 X－11 中还计算间隔 j 月（季）的变化率（量）的均值和标准差。

2.3.3 指标体系的分类

从科学意义上来讲，所选用的指标并不是和商业运行状况完全相一致的指标。有的指标可以提前描述商业运行的状况；有的指标可以和商业运行状况相一致；有的指标对商业运行状况的反应具有滞后性。在这个意义上，本研究所选用的指标分为：先行指标、一致指标、滞后指标。

1. 先行指标。先行指标也称为超前或领先指标，指在商业经济波动达到高峰或谷底前，超前出现峰或谷的指标，是短期商业景气分析的有效工具。一般来讲，先行指标的经济性质具有比较肯定的、明确的先行关系。序列各循环时点相比基准循环时点的先行关系比较稳定，即超前期相差不多。

2. 一致指标。一致指标也称为同步指标，指该指标达到高峰和低谷的时间和商业经济周期波动基准日期的时间大致相同，是对现时商业景气波动态势分析的重要变量。所以，一致指标反映了当前的景气变动状况。在与基准循环的对应上，一般要求一致指标特殊循环的时点与基准循环的时点的时差保持在正负 3 个月以内。

3. 滞后指标。滞后指标是指那些转折点（峰或谷）滞后于商业经济周期波动的基准转折点的指标。滞后指标的作用在于它的峰或谷的出现可以确认商业经济周期波动的高峰或低谷确已出现，并分析上一轮商业景气波动是否已结束及对其他领域的影响效应。

2.3.4 指标时序分类的判断方法

从大量经济指标中选择商业景气指标应考虑到以下几条基准：经济上的重要性、统计上的充分性、统计的适时性与景气波动的对应性。经济上的重要性、统计上的充分性、统计的适时性主要根据经济理论和专家经验进行判断，景气波动的对应性则需要用统计方法进行考察，主要包括峰谷对应法、时差相关分析与 K－L 信息量法、聚类分析法以及基准循环分段平均法。

1. 峰谷对应法。峰谷对应法是一种比较直观的方法，它主要是通过比较转折点的位置来确定指标的类别。选择一个重要的能够敏感地反映当前经济活动的一致指标作为基准指标，把基准指标与被选指标画在一张图上，这样峰、谷的对应情况就一目了然了。下文提到的时差相关分析法、K—L 信息量法、聚类分析法以及基准循环分段平均法等都可以用来初步筛选景气指标，它们从不同侧面描述了指标的某些整体性质，但缺乏对指标的各个特殊循环的波动状态的直观描述。因而还需利用画图、求转折点日期等方式，研究每个选取指标与景气循环峰、谷的对应状态，以此来最终确认入选指标。

2. 时差相关分析。相关关系是指现象之间客观存在的、在数量关系上数值不确定的相互依存关系。相关分析包括静态相关分析与动态相关分析两种。静态相关分析是最一般的相关分析方法，所用资料是某一定时间下的两变量资料，排除了时间因素的干扰，这种相关分析即为静态相关分析。动态相关分析主要指时间数列原数列相关分析。所谓原数列指的是未经任何调整的原来时间数列。两个时间数列间的相关分析属于动态相关分析，其基本方法与静态相关分析相同，只是多出一个时间变动因素，要加以考虑。研究在相当长时间内现象之间的相关关系对于观察社会经济现象的发展变化是十分必要的。时差相关分析属于动态相关分析，是利用相关系数验证经济时间序列先行、一致或滞后关系的一种常用方法。时差相关系数的计算方法是以一个重要的能够敏感地反映当前经济活动的经济指标作为基准指标，一般选择一致指标作为基准指标，然后使被选择指标超前或滞后若干期，计算它们的相关系数。

设 $y=\{y_1,y_2,\cdots,y_n\}$ 为基准指标，$x=\{x_1,x_2,\cdots,x_n\}$ 为被选择指标，r 为时差相关系数，则

$$r_l=\frac{\sum_{t=1}^{n_l}(x_{t-l}-\bar{x})(y_t-\bar{y})}{\sqrt{\sum_{t=1}^{n_l}(x_{t-l}-\bar{x})^2\sum_{t=1}^{n_l}(y_t-\bar{y})^2}},l=0,\pm 1,\pm 2,\cdots,\pm L \tag{2-27}$$

式中 l 被称为时差或延迟数，l 取负数时表示超前，取正数时表示滞后。L 是最大延迟数，n_l 是数据取齐后的数据个数。在选择景气指标时，一般计算若干个不同延迟数的时差相关系数，然后进行比较，最大的时差相关系数 $r_{l'}=\max\limits_{-L\leq l\leq L} r_l$ 被认为反映了被选指标与基准指标的时差相关关系，相应的延迟数 l' 表示超前或滞后期。

3. K－L 信息量法。K－L 信息量由统计学家 Kullback 和 Leibler 提出，用以判定两个概率分布的接近程度。近年来 K－L 信息量被运用到经济分析中。对于偶然的带有随机性质的现象，通常可以认为是服从某一概率分布的随机变量的一些实现值。如果已知（或假设）真正的概率分布，而欲估计我们选择的模型与这一真正概率分布相近似的程度，从而估价模型的好坏，就需要一个度量，这就是 Kullback－Leibler 信息量。

设（基准）随机变量的概率分布列为 $p=\{p_1,p_2,\cdots,p_m\}$，其中 p_i 为事件 w_i 发生的概率，限定 $p_i>0$，$\sum_{i=1}^{m}p_i=1$。设（评价的）随机变量的概率分布列为 $q=\{q_1,q_2,\cdots,q_m\}$，q_i 为事件 w_i 发生的概率，则定义期望

$$I(p,q)=\sum_{i=1}^{m}p_i\ln\frac{p_i}{q_i} \tag{2-28}$$

为分布列 q 关于分布列 p 的 K－L 信息量。

将 K－L 信息量用于选择景气指标的实际计算中，也是以一个重要的，能够敏感地反映当前经济活动的经济指标作为基准指标，设基准指标为 $y=\{y_1,y_2,\cdots,y_n\}$。由于任意满足 $p_i>0$，$\sum p_i=1$ 的序列 p 均可视为某随机变量的概率分布列。因此，对基准指标做标准化处理，使得指标的和为单位 1，处理后的序列记为 p，则

$$p_t = \frac{y_t}{\sum_{j=1}^{n} y_j}, t = 1, \cdots, n \quad (\text{其中假定 } y_t > 0) \qquad (2-29)$$

设被选择的指标 $x = \{x_1, x_2, \cdots, x_n\}$，标准化处理后的序列记为 q，则

$$q_t = \frac{x_t}{\sum_{j=1}^{n} x_j}, \ t = 1, \cdots, n \quad (\text{其中假定 } x_t > 0) \qquad (2-30)$$

K－L 信息量可由下式计算

$$k_l = \sum_{t=1}^{n_l} p_t \ln\left(\frac{p_t}{q_{t+l}}\right), \ l = 0, \ \pm 1, \cdots, \ \pm L \qquad (2-31)$$

式中 l 表示超前或滞后期，l 取负数时表示超前，取正数时表示滞后，l 被称为时差或延迟数，L 是最大延迟数，n_l 是数据取齐后的数据个数。当计算出 $2L+1$ 个 K－L 信息量后，从这些 k_l 值中选出一个最小值 $k_{l'}$ 作为被选指标 x 关于基准指标 y 的 K－L 信息量，即

$$k_{l'} = \min_{-L \leqslant l \leqslant L} k_l \qquad (2-32)$$

其相对应的延迟数 l' 就是被选指标最适当的超前或滞后期数。K－L 信息量越小，越接近于 0，说明指标 x 与基准指标 y 越接近。

4. 聚类分析法。事物之间“亲疏远近”的程度存在着差异，衡量事物的亲近程度有两类度量。一类是相似性度量，如相关系数、相似系数等，相关系数越大，认为事物越接近，通常用来衡量指标（变量）间的接近程度。另一类是非相似性度量，如各种距离，距离越小，认为事物越接近，通常用来衡量样品间的接近程度。因此，如果是对 n 个企业考查它们的 p 项经济指标，根据得到的观测数据，对企业进行分类，就称为对样品聚类，且选择距离等为非相似性度量。如果是对重要且能反映整个经济活动的 p 项经济指标，根据它们历年的统计数据，将 p 项经济指标分成先行、一致、滞后等类，就称为对指标分类，这时应选择相关系数等为相似性度量。本节介绍对指标分类的用法，为了叙述方便，将这两类度量统称为亲近度。

聚类的方法有许多，系统聚类法因其研究结果丰富，且可根据聚类过程得到聚类图，在实际中使用得最多。其基本思想是：先将 m 个指标

各自看成一类，规定指标间的亲近度和类间亲近度。开始时，类间亲近度等于指标间的亲近度，先将亲近度最大的类合并成新的类，再计算新类与其他类的亲近度，再次将亲近度最大的两类合并，这样每次至少减少一类，直至所有的指标成为一类。类间亲近度有多种定义方法，不同的定义产生了系统聚类的不同方法，但基本原理与步骤完全相同。

（1）亲近度定义。在对样品聚类时，最常用的有闵考夫斯基（Minkowski）距离，$\mathbf{x}_{(\alpha)}$ 和 $\mathbf{x}_{(\beta)}$ 之间的距离定义如下：

$$d_{\alpha\beta}(q) = \left[\sum_{k=1}^{m} |x_{\alpha k} - x_{\beta k}|^{q}\right]^{1/q}, q > 0 \quad (2-33)$$

当 $q=1$，2 时，分别得到绝对值距离

$$d_{\alpha\beta}(1) = \sum_{k=1}^{m} |x_{\alpha k} - x_{\beta k}| \quad (2-34)$$

和欧氏距离

$$d_{\alpha\beta}(2) = \left[\sum_{k=1}^{m} (x_{\alpha k} - x_{\beta k})^2\right]^{\frac{1}{2}} \quad (2-35)$$

在统计中使用更多的是马氏（Mahalanobis，常简称马氏）距离，即

$$d_{\alpha\beta}^2 = (\mathbf{x}_{(\alpha)} - \mathbf{x}_{(\beta)})'\Sigma^{-1}(\mathbf{x}_{(\alpha)} - \mathbf{x}_{(\beta)})' \quad (2-36)$$

其中 Σ 是观测数据矩阵 X 的协方差阵，在应用中可用样本协方差阵 $\hat{\Sigma}$ 替代，$\hat{\Sigma}$ 的表达式为

$$\hat{\Sigma} = \sum_{\alpha=1}^{n} (\mathbf{x}_{(\alpha)} - \bar{\mathbf{x}})(\mathbf{x}_{(\alpha)} - \bar{\mathbf{x}})', \bar{\mathbf{x}} = \frac{1}{n}\sum_{\alpha=1}^{n} \mathbf{x}_{(\alpha)} \quad (2-37)$$

需要指出的是，马氏距离既可消除量纲的影响，亦可消除指标间的相关性。

（2）聚类分析法的基本步骤。我们以距离作为指标间的亲近度，归纳系统聚类法计算的一般步骤如下：

①计算 m 个指标两两之间的距离 $\{d_{ij}\}$，距离矩阵记为 $D^{(0)}$，即

$$D^{(0)} = \begin{pmatrix} d_{11} & d_{12} & d_{13} & \cdots & d_{1m} \\ d_{21} & d_{22} & d_{23} & \cdots & d_{2m} \\ d_{31} & d_{32} & d_{33} & \cdots & d_{3m} \\ \vdots & \vdots & \vdots & \ddots & \vdots \\ d_{m1} & d_{m2} & d_{m3} & \cdots & d_{mm} \end{pmatrix} \quad (2-38)$$

②构造 m 个类，G_1，G_2，…，G_m，每类只包含一个指标。

③合并距离最近的两类为一新类。即寻找 $D^{(0)}$ 的非对角最小元素，例如，设为 d_{13}，则将 G_1 和 G_3 合并成一新类，记为 G_r，$G_r=\{G_1, G_3\}$。如果 $D^{(0)}$ 中的最小元素不止一个，则对应的这些类可同时合并，并将这一最短距离和合并信息记录下来。

④计算新类与当前各类的距离。具体做法是将已合并的原来的类从 $D^{(0)}$ 矩阵中删去。例如 G_1 和 G_3 合并成一新类，就把第 1，3 行及第 1，3 列删去。再利用已选定的类与类之间的距离公式求出新类 G_r 与其他类的距离，并加到距离矩阵 $D^{(0)}$ 中去，记为 $D^{(1)}$。

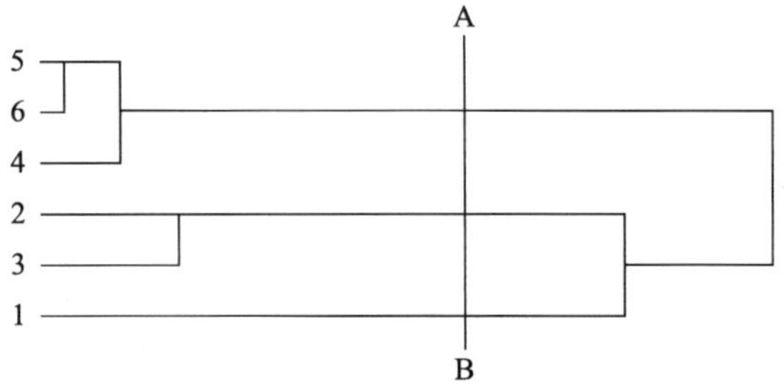

图 2-1　聚类分析图

若类的个数等于 1，转到第 5 步，否则回到第 3 步，又得到 $D^{(2)}$，$D^{(3)}$，…，直到所有的指标都成一类为止。

⑤画聚类图。

⑥决定类的个数和类。

整个聚类过程可以画成一张图，如图叫作聚类分析图。注意到每次并类时得到的最短距离形成一个单调递增序列。聚类分析图画出后，用一条直线分割，若其与聚类图有三个交点，例如图 2-1 中的直线 AB，就得到将指标分三类的情形。类似地，欲想将这些指标分为 k 类，如果一条水平直线与聚类图有 k 个交点，就得到分 k 类的相应情况。

一般说来，我们可以通过前述的几种筛选指标的方法，知道比较好的先行、一致、滞后指标。那么我们观察已知类型的这些指标被分到哪一类中，含有已知的一致指标的类被认为是一致指标类，同样含有先行指标的类被认为是先行指标类，含有滞后指标的类被认为是滞后指标类。

5. 基准循环分段平均法。基准循环分段平均法是日本京都大学教授马场正雄在美国 NBER 的景气变动分析法的基础上加以改进，提出的一种方法，故又称为马场方法（以下简称马场方法）。这一方法是以景气循环基准日期为尺度，检验被选择指标本身的周期波动的峰和谷与经济周期波动的峰和谷的关系，并将这种关系用经济指标变动分析表的形式给出。从经济指标变动分析表中可以分析出被选指标在景气循环的扩张和收缩阶段的综合状态，从而得出该指标是否是与景气变动对应较好的景气指标，还可以分析出是先行指标、一致指标还是滞后指标。

马场方法的基本做法介绍如下：

（1）按基准日期把每个循环（从谷到谷）分成九段，除了峰和谷的月份外，把开始的谷和峰之间（扩张期）以及峰与后来的谷之间（收缩期）分别分割成大体相等的三段期间，对所选指标序列求每一阶段上的平均值。同时，对于峰（或谷）取包括峰（或谷）在内前后月的三个月之值的平均值。这样共求出九个平均值，注意每一循环的最后一段的平均值和下一循环的第一段平均值相同。

（2）比较各段上的平均值。若比前一段增长了，则数字前面的符号取“+”；比前一段减少了，则取“-”；若相等，取“=”。

（3）假定被选指标的数据期间包含 m 个循环，综合考虑 m 个循环的变动情况。平均栏中的符号是在这 m 个循环中占多数的符号。检验栏中的数字是平均栏中的符号在 m 个循环中所占的比例。

利用马场方法，判断一个指标是好的景气指标有两个标准，一个标准是平均栏中的 8 个符号要类似于（+，+，+，+，-，-，-，-）或（-，+，+，+，+，-，-，-）那样，相同的符号连续出现，表明该指标的循环变动与景气循环变动有良好的对应关系。当出现类似于（+，-，+，+，-，+，-，-）这样的情况，说明被选指标的变动没有规律。另一个标准是如果 8 个符号中有 4 个及 4 个以上的符号的比例是微弱多数，例如当 $m=5$ 时，出现比例为 3/5 的符号多于 4 个，则认为这个指标的对应性不好而被筛选掉。

由于谷到峰期间为经济周期波动的扩张区，峰到谷期间为收缩区，所以如果指标为一致指标时，平均栏中的符号应为（+，+，+，+，

－，－，－，－）的情形，表示在 m 个循环中指标的变动与经济周期波动基本是一致的。

若指标是先行指标，则平均栏中的符号应是（＋，＋，＋，－，－，－，－，＋）或（＋，＋，－，－，－，－，＋，＋）或（＋，－，－，－，－，＋，＋，＋）的情形，表示指标的波动先于经济周期波动，当景气变动仍在扩张区时，先行指标已开始下降，进入收缩区。而当景气变动还处于收缩区时，先行指标已开始回升，进入扩张区。若指标是滞后指标，则符号应类似于（－，＋，＋，＋，＋，－，－，－）或（－，－，＋，＋，＋，＋，－，－）或（－，－，－，＋，＋，＋，＋，－）的情形，表明指标的波动滞后于经济周期波动但是马场方法由于过于严格，具有一定的局限性。按照马场方法，只有当被选指标的 m 个循环变动对应性都很好时，才能得出相应的结论。但是这样的标准指标是不容易找到的，尤其是在经济结构发生较大变动的时期，更是不易找到，于是，会使一批比较好的景气指标漏选了。

2.3.5 指标权重的确定

1. 确定权重的基本原则。多指标综合评价是指人们根据不同的评价目的，选择相应的评价形式。据此选择多个因素或指标，并通过一定的评价方法将多个评价因素或指标转化为能反映评价对象总体特征的信息，其中评价指标与权重系数确定将直接影响综合评价的结果。评价指标权重的确定是多目标决策的一个重要环节，因为多目标决策的基本思想是将多目标决策结果值纯量化，也就是应用一定的方法、技术、规则将各目标的实际价值或效用值转换为一个综合值；或按一定的方法、技术将多目标决策问题转化为单目标决策问题。确定权重基本遵循以下原则：

（1）系统优化原则

在评价指标体系中，每个指标对系统都由它的作用和贡献，对系统而言都有它的重要性。所以，在确定它们的权重时，不能只从单个指标出发，而是要处理好各评价指标之间的关系，合理分配它们的权重。应当遵循系统优化原则，把整体最优化作为出发点和追求的目标。在这个原则指导下，对评价指标体系中各项评价指标进行分析对比，权衡它们各自对整体的作用和效果，然后对它们的相对重要性做出判断。确定各自的权重，即不能平均分配，又不能片面强调某个指标、单个指标的最优化，而忽略其他方面的发展。在实际工作中，应该使每个指标发挥其应有的作用。

（2）评价者的主观意图与客观情况相结合的原则。评价指标权重反映了评价者和组织对人员工作的引导意图和价值观念。当他们觉得某项指标很重要，需要突出它的作用时，就必然各该指标以较大的权数。但现实情况往往与人们的主观意愿不完全一致，比如，确定权重时要考虑这样几个问题：

①历史的指标和现实的指标；

②社会公认的和企业的特殊性；

③同行业、同工种间的平衡。所以，必须同时考虑现实情况，把引导意图与现实情况结合起来。

（3）民主与集中相结合的原则。权重是人们对评价指标重要性的认识，是定性判断的量化，往往受个人主观因素的影响。不同的人对同一件事情都有各自的看法，而且经常是不相同的，其中有合理的成分；也有受个人价值观、能力和态度造成的偏见。这就需要实行群体决策的原则，集中相关人员的意见互相补充，形成统一的方案。

2. 确定权重的主要方法。指标权重是指标在评价过程中不同重要程度的反映，是决策（或评估）问题中指标相对重要程度的一种主观评价和客观反映的综合度量。按照权数产生方法的不同多指标综合评价方法可分为主观赋权评价法和客观赋权评价法两大类，其中主观赋权评价法采取定性的方法由专家根据经验进行主观判断而得到权数，然后再对指标进行综合评价，如层次分析法、综合评分法、模糊评价法、指数加权法和功效系数法等。客观赋权评价法则根据指标之间的相关关系或各项指标的变异系数来确定权数进行综合评价，如熵值法、神经网络分析法、TOPSIS 法、灰色关联分析法、主成分分析法、变异系数法等。权重的赋值合理与否，对评价结果的科学合理性起着至关重要的作用；若某一因素的权重发生变化，将会影响整个评判结果。因此，权重的赋值必须做到科学和客观，这就要求寻求合适的权重确定方法。下面简要介绍几种常用的方法。

（1）统计平均法。统计平均数法是根据所选择的各位专家对各项评价指标所赋予的相对重要性系数分别求其算术平均值，计算出的平均数作为各项指标的权重。其基本步骤是：

①确定专家。一般选择本行业或本领域中既有实际工作经验、又有扎实的理论基础、并公平公正道德高尚的专家；

②专家初评。将待定权数的指标提交给各位专家，并请专家在不受外界干扰的前提下独立的给出各项指标的权数值；

③回收专家意见。将各位专家的数据收回，并计算各项指标的权数均值和标准差；

④分别计算各项指标权重的平均数。

如果第一轮的专家意见比较集中，并且均值的离差在控制的范围之内，即可以用均值确定指标权数。如果第一轮专家的意见比较分散，可以把第一轮的计算结果反馈给专家，并请他们重新给出自己的意见，直至各项指标的权重与其均值的离差不超过预先给定的标准为止，即达到各位专家的意见基本一致，才能将各项指标的权数的均值作为相应指标的权数。

（2）熵权法。最先由申农引入信息论，目前已经在工程技术、社会经济等领域得到了非常广泛的应用。熵权法的基本思路是根据指标变异性的大小来确定客观权重。各个行业的发展对于商情的影响如何，不仅取决于贡献度的大小，而且取决于贡献度的变化情况。

一般来说，若某个指标的信息熵 E_j 越小，表明指标值的变异程度越大，提供的信息量越多，在综合评价中所能起到的作用也越大，其权重也就越大。相反，某个指标的信息熵 E_j 越大，表明指标值的变异程度越小，提供的信息量也越少，在综合评价中所起到的作用也越小，其权重也就越小。

熵权法赋权步骤如下：

①数据标准化。假设给定了 k 个指标 $X_1, X_2, \cdots, X_k$，其中 $X_i = \{x_1, x_2, \cdots, x_n\}$。假设对各指标数据标准化后的值为 $Y_1, Y_2, \cdots, Y_k$，则 $Y_{ij} =$

$\frac{x_{ij}-\min(x_i)}{\max(x_i)-\min(x_i)}$。

②求各指标的信息熵。根据信息论中信息熵的定义，一组数据的信息熵 $E_j=-ln(n)^{-1}\sum_{i=1}^{n}p_{ij}lnp_{ij}$。其中 $p_{ij}=Y_{ij}\Big/\sum_{i=1}^{n}Y_{ij}$，如果 $p_{ij}=0$，则定义 $\lim_{p_{ij}\to 0}p_{ij}lnp_{ij}=0$。

③确定各指标权重。根据信息熵的计算公式，计算出各个指标的信息熵为 $E_1,E_2,\cdots,E_k$。通过信息熵计算各指标的权重：$W_i=\frac{1-E_i}{k-\sum E_i}(i=1,2,\cdots,k)$。

（3）变异系数法。变异系数法是直接利用各项指标所包含的信息，通过计算得到指标的权重。是一种客观赋权的方法。此方法的基本做法是：在评价指标体系中，指标取值差异越大的指标，也就是越难以实现的指标，这样的指标更能反映被评价单位的差距。

由于评价指标体系中的各项指标的量纲不同，不宜直接比较其差别程度。为了消除各项评价指标的量纲不同的影响，需要用各项指标的变异系数来衡量各项指标取值的差异程度。各项指标的变异系数公式如下：$V_t=\frac{\sigma_t}{\bar{x}_i}(i=1,2,\cdots,n)$ V_t 是第 i 项指标的变异系数、也称为标准差系数；σ_t 是第 i 项指标的标准差；$\bar{x}_t$ 是第 i 项指标的平均数。各项指标的权重为：$W_i=\frac{V_i}{\sum_{i=1}^{n}V_i}$

（4）层次分析法。层次分析法又称 AHP 构权法，是将复杂的评价对象排列为一个有序的递阶层次结构的整体，然后在各个评价项目之间进行两两的比较、判断，计算各个评价项目的相对重要性系数，即权重。AHP 构权法又分为单准则构权法和多准则构权法，在此介绍单准则构权法及具体步骤。

①确定指标的量化标准。层次分析法的核心问题是建立一个构造合理且一致的判断矩阵，判断矩阵的合理性受到标度的合理性的影响。所谓标度是指评价者对各个评价指标（或者项目）重要性等级差异的量化

概念。确定指标重要性的量化标准常用的方法有：比例标度法和指数标度法。比例标度法是以对事物质的差别的评判标准为基础，一般以5种判别等级表示事物质的差别。当评价分析需要更高的精确度时，可以使用9种判别等级来评价，见表2－5。

表2－5　　比例标度值体系别（重要性分数 x_{ij}）

取值含义	1～9标度	5/5～9/1标度		9/9～9/1标度	
i与j同等重要	1	1	(5/5＝)	1	(9/9＝)
i比j较为重要	3	1.5	(6/4＝)	1.286	(9/7＝)
i比j更为重要	5	2.33	(7/3＝)	1.8	(9/5＝)
i比j强烈重要	7	4	(8/2＝)	3	(9/3＝)
i比j极端重要	9	9	(9/1＝)	9	(9/1＝)
介于上述相邻两级之间重要程度的比较	2、4、6、8	1.222 1.875 3 5.67	(5.5/4.5＝) (6.5/3.5＝) (7.5/2.5＝) (8.5/1.5＝)	1.125 1.5 2.25 4.5	(9/8＝) (9/6＝) (9/4＝) (9/2＝)
j与i比较	上述各数的倒数	上述各数的倒数		上述各数的倒数	

②确定初始权数。初始权数的确定常常采用定性分析和定量分析相结合的方法。一般是先组织专家，请各位专家给出自己的判断数据，再综合专家的意见，最终形成初始值。具体操作步骤如下：

Ⅰ. 将分析研究的目的、已经建立的评价指标体系和初步确定的指标重要性的量化标准发给各位专家，请专家们根据上述的比例标度值表所提供的等级重要性系数，独立地对各个评价指标给出相应的权重。

Ⅱ. 根据专家给出的各个指标的权重，分别计算各个指标权重的平均数和标准差。

Ⅲ. 将所得出的平均数和标准差的资料反馈给各位专家，并请各位专家再次提出修改意见或者更改指标权重数的建议，并在此基础上重新确定权重系数。

Ⅳ. 重复以上操作步骤，直到各个专家对各个评价项目所确定的权数趋于一致或者专家们对自己的意见不再有修改为止，把这个最后的结果就作为初始的权数。

③对初始权数进行处理。

Ⅰ. 建立判断矩阵 A。通过专家对评价指标的评价，进行两两比较，其初始权数形成判断矩阵 A，判断矩阵 A 中第 i 行和第 j 列的元素 x_{ij} 表示指标 x_i 与 x_j 比较后所得的标度系数。

Ⅱ. 计算判断矩阵 A 中的每一行各标度数据的几何平均数，记作 w_i。

Ⅲ. 进行归一化处理。归一化处理是利用公式 $W_t' = \frac{W_t}{\sum W_t}$ 计算，依据计算结果确定各个指标的权重系数。

④检验判断矩阵的一致性。检验判断矩阵的一致性是指需要确定权重的指标较多时，矩阵内的初始权数可能出现相互矛盾的情况，对于阶数较高的判断矩阵，难以直接判断其一致性，这时就需要进行一致性检验。

2.4 商业景气指数类型及其编制方法

2.4.1 扩散指数

景气可以分为扩张和收缩两大局面。经济繁荣时，各种经济活动活泼向上，大部分经济指标持续上升。但是，当景气迎来成熟阶段后，几个指标开始改变方向，转而下降的指标多了起来，当保持上升的指标与转为下降的指标均等时，即是景气由扩张局面向收缩局面变换的转折点（景气的峰）。其后，下降的指标逐渐占了上风，经济进入了萧条，大部分指标在收缩期里保持下降趋势。再往后，景气的前景又明朗起来，数个指标又转向上升，景气开始恢复，当仍在下降的指标和转而回升的指标相均等时，即是景气由收缩期局面向扩张局面变换的转折点（景气的谷）。因此，扩散指数（Diffusion Index，简称 *DI*）的基本思想是把保持上升（或下降）的指标占上风的动向，看作是景气波及、渗透的过程，将其综合，用来把握整个景气。

扩散指数（Diffusion Index，缩略语为 DI）是现在国际上广泛使用的景气指数。我们用已选定的先行、一致和滞后指标组来分别计算反映景气动向的先行、一致和滞后扩散指数。DI 分为当前的 DI 和累积的 DI 两种类型。当前的 DI 之值大于 50% 时，意味着有过半数的指标所代表的经济活动上升。反之，DI 低于 50% 时，有过半数的经济活动下降。DI 之值为 50% 时，意味着经济活动的上升趋势与下降趋势平衡，表示该时刻是经济周期波动的转折点。利用先行扩散指数可以预测未来经济形势的峰或谷何时到来，利用一致扩散指数可确认经济周期波动的峰或谷已出现，并且利用一致扩散指数的极大值点或极小值点也可预测未来的峰或谷出现的日期。

由扩散指数 *DI* 的定义可见，扩散指数是大于 50% 还是小于 50% 是重要的，而百分比的水平却没有更大的意义，因为它并不表示经济周期波动的振幅。扩散指数之值为 50% 时，就意味着经济活动的上升趋势与下降趋势平衡，表示该时刻是景气的转折点。

在确定扩散指数的转折点时，为了避免不规则因素的影响，一般采用移动平均后的扩散指数（*MDI*）序列确定扩散指数的峰、谷日期。当 *MDI* 由上方向下方穿过 50% 线时，取前一个月作为扩散指数峰的日期。而当 *MDI* 由下方向上方穿过 50% 线时，取前一个月作为扩散指数谷的日期。图 2 - 2 显示了扩散指数的变动与宏观经济总体波动的对应关系。从图中可以清楚地看到扩散指数的极大值点和极小值点比宏观经济总体波动的峰和谷先行一段时间，这是扩散指数的特点之一。利用这一性质，可以提前预测景气的峰、谷的出现时间。

由图 2 - 3 可以看出，在经济的扩张阶段，首先是显示领先性的先行指标中出现下降的指标，这时，先行扩散指数达到极大值点。进一步当经济进入过热状态后，对经济趋势有强劲影响力，以生产活动为中心的一致指标中也出现了下降的指标，从而一致扩散指数也达到了极大值点。随着下降指标的增多，上升指标和下降指标相均衡，达到了景气的峰。随着下降指标的增加，经济进入收缩阶段。在收缩阶段的初期，一部分滞后指标仍要持续上升一段时间才开始下降。随着经济的衰退，下降指标不断增加，但是经济收缩到某一阶段，先行指标中的一部分出现了回升，经济开始复苏，这种回升趋势逐渐向各领域渗透，回升的势头加强了，一致指标也开始上升，不久下降序列和上升序列相均衡就达到了景气的谷。

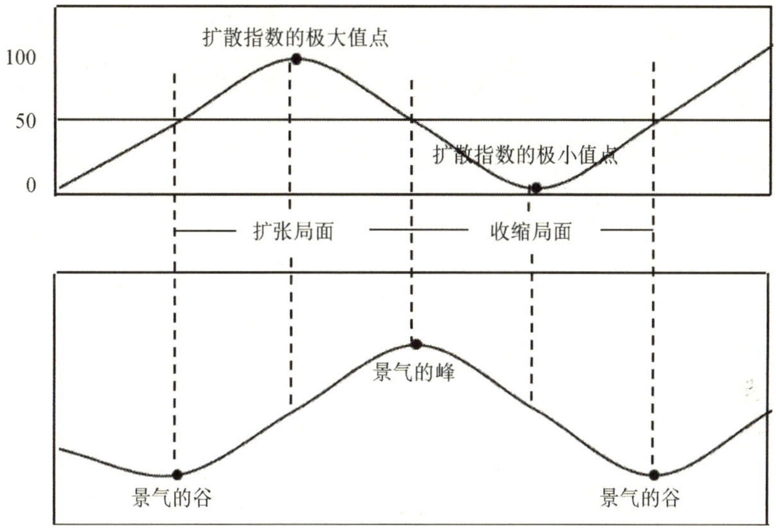

图 2－2　扩散指数的变动与宏观经济总体波动

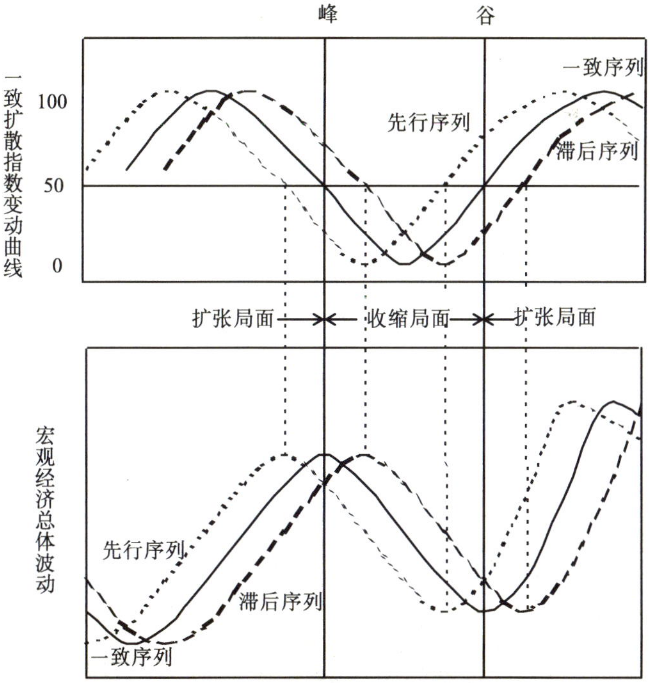

图2－3　先行、一致、滞后扩散指数的变动与宏观经济总体波动

扩散指数是反映经济运动方向的一种综合尺度，定期地分析先行、一致、滞后扩散指数，可以较早地预测到经济周期波动的变化方向和转折点出现的时机。

从扩散指数的图形上观测景气变动不太直观，而且光滑性差，通常使用累积值的曲线。这种累积值的序列叫作累积扩散指数（Cumulative Diffusion Index，简称 *CDI*）。一般的累积扩散指数是将每月的扩散指数减去 50 后，再累积得到，用 *CDI* 表示：

$$CDI_i = \sum_{j=1}^{i}(DI_j - 50), \quad i = 1,2,\cdots,n \tag{2-39}$$

令 $CDI_0 = 0$，，则可得递推关系式：

$$CDI_i = CDI_{i-1} + (DI_i - 50), \quad i = 1,2,\cdots,n \tag{2-40}$$

从每月的扩散指数中减 50，是为了使景气上升（或下降）的变动与累积扩散指数的上升（或下降）的变动相对应。求出扩散指数各月的数值的累积值，把它画成曲线，如图 2－4 和图 2－5 所示，得到的曲线不仅变动平滑，中间变动被消除，而且转折点明显了，和人们通常观测的景气变动的峰、谷一致。但需要注意的是累积扩散指数 *CDI* 和扩散指数的功能一样，也只能表明景气的变化方向而不反映变化的幅度。

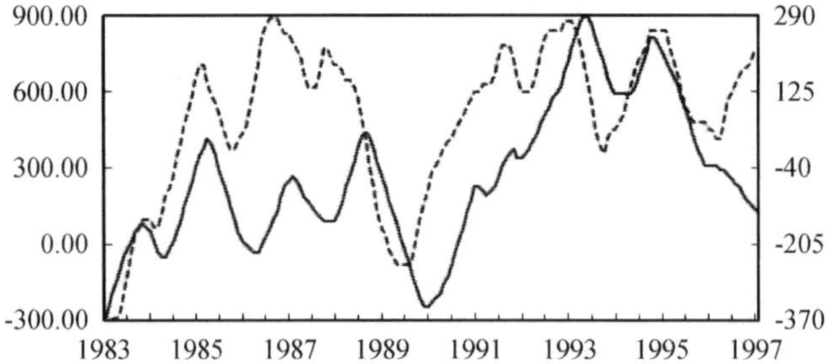

图 2－4　一致累积扩散指数（实线，左）和先行累积扩散指数（虚线，右）

2.4.2　合成指数

扩散指数虽然能有效地预测经济周期波动的转折点，但却不能表示经济周期波动变化的强弱，即不反映波动的振幅。为了弥补这一不足，美国商务部的希斯金和 NBER 的穆尔编制了合成指数（Composite Index,

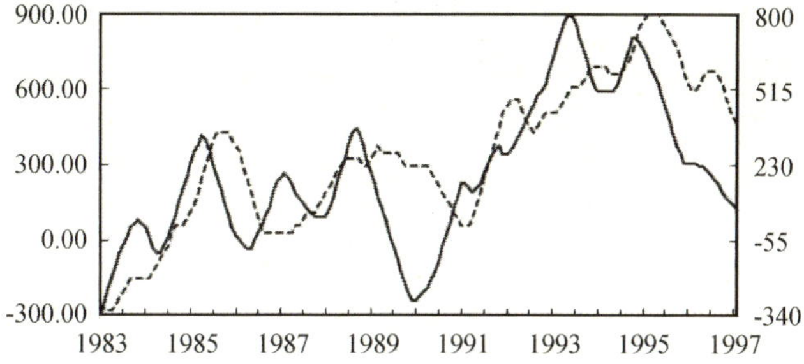

图 2-5　一致累积扩散指数（实线，左）和滞后累积扩散指数（虚线，右）

简称 *CI*），并于 1968 年使其实用化。合成指数除了能预测经济周期波动的转折点外，还能在某种意义上反映经济周期波动的振幅。合成指数 *CI* 和扩散指数 *DI* 一样，也是从表示各种经济活动的主要经济指标中选取一些对景气敏感的指标，用合成各指标变化率的方式，把握景气变动的大小。合成指数的构成也分为先行、一致、滞后指标组，各指标组的功能与扩散指数相同，所以扩散指数和合成指数常常使用同一套指标组。

1. 设指标 $Y_{ij}(t)$ 为第 j 指标组的第 i 个指标，$j=1,2,3$ 分别代表先行、一致、滞后指标组，$i=1,2,\cdots,k_j$ 是组内指标的序号，k_j 是第 j 指标组的指标个数。首先对 $Y_{ij}(t)$ 求对称变化率 $C_{ij}(t)$：

$$C_{ij}(t) = 200 \times \frac{Y_{ij}(t) - Y_{ij}(t-1)}{Y_{ij}(t) + Y_{ij}(t-1)},\ t = 2,3,\cdots,n \tag{2-41}$$

当构成指标 $Y_{ij}(t)$ 中有零或负值时，或者指标是比率序列时，取一阶差分：

$$C_{ij}(t) = Y_{ij}(t) - Y_{ij}(t-1),\quad t = 2,3,\cdots,n \tag{2-42}$$

2. 为了防止变动幅度大的指标在合成指数中取得支配地位，各指标的对称变化率 $C_{ij}(t)$ 都被标准化，使其平均绝对值等于 1。首先求标准化因子 A_{ij}：

$$A_{ij} = \sum_{t=2}^{n} \frac{|C_{ij}(t)|}{n-1} \tag{2-43}$$

用 A_{ij} 将 $C_{ij}(t)$ 标准化，得到标准化变化率 $S_{ij}(t)$：

$$S_{ij}(t) = \frac{C_{ij}(t)}{A_{ij}},\ t = 2,3,\cdots,n \tag{2-44}$$

3. 求出先行、一致、滞后指标组的平均变化率 $R_j(t)$：

$$R_j(t) = \frac{\sum_{i=1}^{k_j} S_{ij}(t) \cdot w_{ij}}{\sum_{i=1}^{k_j} w_{ij}}, j = 1,2,3, \ t = 2,3,\cdots,n \tag{2-45}$$

4. 计算指数标准化因子 F_j：

$$F_j = \left[\sum_{t=2}^{n} |R_j(t)|/(n-1)\right] \Big/ \left[\sum_{t=2}^{n} |R_2(t)|/(n-1)\right], \quad j = 1,2,3 \tag{2-46}$$

5. 计算标准化平均变化率 $V_j(t)$：

$$V_j(t) = R_j(t)/F_j, \quad t = 2,3,\cdots,n \tag{2-47}$$

用一致指标序列的平均变化率的振幅去调整先行指标序列和滞后指标序列的平均变化率，其目的是为了把三个指数当作一个协调一致的体系来应用。

6. 求初始综合指标：

对各组令 $I_j(1) = 100$，

$$则\ I_j(t) = I_j(t-1) \times \frac{200 + V_j(t)}{200 - V_j(t)}, j = 1,2,3, \ t = 2,3,\cdots,n \tag{2-48}$$

7. 计算合成指标：

$$CI_j(t) = (I_j(t)/\bar{I}_j) \times 100 \tag{2-49}$$

其中 $\bar{I}_j$ 为 $I_j(t)$ 在所选基准年份的平均值。

2.4.3　景气预警

经济景气预警是基于经济景气分析，但比景气分析预测要更加鲜明，属于经济突变论的概念范畴。建立宏观经济预警系统最重要的工作是选择合适的预警指标。预警指标应能在不同的方面反映国民经济总体的发展规模、发展水平和发展速度。入选的指标应与经济循环变动大体一致或略有超前，这就要求是一致指标或先行指标，同时要求这些指标能及时准确地被统计上来，选取预警指标是基于“景气指标选择”诸模块的工作。

1. 预警指标状态区域划分和临界点确定。预警指标状态区域划分就是事先将宏观经波动状况分为几个判断区间。临界点就是判断各监测指标和综合景气状态的数量标准。状态区域的划分和临界点的确定是决定预警系统科学性强弱的一个重要因素。

（1）区域划分。我们用“红灯”、“黄灯”、“绿灯”、“浅蓝灯”、“蓝灯”来表示判断区域，分别代表“过热”、“趋热”、“正常”、“趋冷”和“过冷”五种状态。

（2）单个指标临界点的确定。单个指标临界点的确定在编制预警信号系统中起着很关键的作用，而且是件很复杂、很细致的工作。在确定单个指标临界点的时候，必须遵循以下两个原则：第一，要根据每个指标的历史数据的实际落点，确定出指标波动的中心线，并以此作为该指标正常区域的中心；然后根据指标出现在不同区域的概率要求，求出基础临界点，即数学意义上的临界点。第二，在数据长度过短或是经济长期处于不正常状态的时候，必须通过经济理论和经验判断，对该指标剔除异常值，重新确定中心线并对基础临界点进行调整，然后求出修改后临界点所划分的区域落点概率，确定为最终临界点。此外，确定临界点还必须要根据经济理论和实践来确定。

2. 预警指数临界值的确定。计算景气预警指数综合评分临界线时，设景气综合评分包含 M 个指标，则其最高分为 5M，最低分为 M，各灯区的临界线分别为：红灯与黄灯——5M × 80%；黄灯与绿灯——5M × 70%；绿灯与浅蓝灯——5M × 50%；浅蓝灯与蓝灯——5M × 40%。

2.5　指标预测系统

近几十年来，经济指标的预测方法得到了很大的发展。预测方法虽多种多样，但每种方法都有各自的适用范围。必须满足某些条件。不存在单一的百试百灵的预测方法。经济指标数量很多，特性各异，也不可能用某一、二种预测方法就可得到满意的结果。经济指标分析预测系统包含了多种经过检验的预测方法，该系统和“景气监测预警系统”配合使用，可以为宏观经济管理部门和研究机构进行宏观经济形势分析，景气循环的测定和预测提供有利的工具，可以为加强我国的宏观经济监测和预警工作，为各级政府提供决策参考。主要的方法包括限界时间序列分析模型、增长曲线模型、增长率模型和 ARIMA 模型等。

2.5.1 限界时间序列分析模型

限界平均时间序列是利用三角级数去逼近时间序列，并且通过使三角级数展开不同的项数而得到多个时间序列模型，同时确定适当的预测界限，将满足条件的模型预测值取平均作为最终预测值。限界平均时间序列预测模型对于具有循环波动的经济指标具有较好的预测效果，从而对于含有季节因素的指标不必进行季节调整，可直接进行预测。对于不规则变动干扰较大的指标（如产值、产量等指标）可将指标序列经过 X－11 季节调整后，取它的 TCS 序列（去掉不规则要素）作为输入序列，预测精度会有所提高。

$$X = \left\{\begin{matrix} 1 & s_{11} & s_{12} & \cdots & s_{1,m9-1} & x_{11} & \cdots & x_{1k} \\ 1 & s_{21} & s_{22} & \cdots & s_{2,m9-1} & x_{21} & \cdots & x_{2k} \\ 1 & s_{31} & s_{32} & \cdots & s_{3,m9-1} & x_{31} & \cdots & x_{3k} \\ \vdots & \vdots & \vdots & \cdots & \vdots & \vdots & \cdots & \vdots \\ \vdots & \vdots & \vdots & \cdots & \vdots & \vdots & \cdots & \vdots \\ 1 & s_{n1} & s_{n2} & \cdots & s_{n,m9-1} & x_{n1} & \cdots & x_{nk} \end{matrix}\right\}$$

限界平均时间序列模型是把平均模型的概念引入时间序列分析的一个尝试。设时间序列第 i 项为 y_i，为了消除经济时间序列的趋势，试考虑 y_i的差分 $\Delta y_i = y_i - y_{i-1}$所形成的时间序列。设 Δy_i减去均值后记以 $\Delta y_i'$。今用下列函数来拟合 $\Delta y_i'$。

$$f(n) = \sum_{k=1}^{m} [A_k \sin(\omega_k n) + B_k \cos(\omega_k n)] \tag{2-50}$$

其中角频率 $\omega_i \neq \omega_j$（当 $i \neq j$ 时），$0 < \omega_k < \pi, i, j = 1, 2, \cdots\cdots, m$，$1 \leq \omega_k \leq N$。并且角频率 ω_k, A_k, B_k 将由 $f(n)$ 的观测值确定。将三角函数的和差公式应用于式（2－50）可得到：

$$f(i+P)+f(i-P)=2\sum_{k=1}^{m}\cos(P\omega_k)[A_k\sin(\omega_k i)+B_k\cos(\omega_k i)] \tag{2-51}$$

将上式两端乘以权数 a_p。其次，确定 a_p 之值使下式成立（即 a_p 是下式的解）

$$a_0+\sum_{p=1}^{m-1}a_p\cos(p\omega_k)=\cos(m\omega_k)k=1,2,\cdots\cdots,m. \tag{2-52}$$

对于由上式所确定的 a_p，有下式成立

$$\begin{aligned}&\sum_{p=0}^{m-1}a_p[f(i+P)+f(i-P)]\\&=2\sum_{k=1}^{m}[A_k\sin(\omega_k i)+B_k\cos(\omega_k i)]\times\cos(m\omega_k)\\&=f(i+m)+f(i-m)\end{aligned} \tag{2-53}$$

于是有

$$f(i+m)-\sum_{p=0}^{m-1}a_p[f(i+P)+f(i-P)]+f(i-m)=0 \tag{2-54}$$

其中 a_p 是（2-52）的解。

对于（2-50）中的 $f(n)$，（2-54）式是严格成立的。但是由于实际的观测值 $\tilde{f}(n)=f(n)+\xi(n),\xi(n)$ 是观测噪音，（2-50）式中的 ω_k，A_k,B_k 可用下列方法确定：

（2-54）式中的 a_p，当角频率给定时，可通过（2-54）式确定。然而确定 ω_k 时，要反过来先用 $f(n)$ 的观测值 $\tilde{f}(n)$ 确定 a_p。再由 a_p 来确定 ω_k。确定 a_p 的准则是，对于给定的 m，使下列 B 为最小，即

$$B=\sum_{i=m+1}^{N-m}b_i^2,\ b_i=\tilde{f}(i+m)-\sum_{p=0}^{m-1}a_p[\tilde{f}(i+p)+\tilde{f}(i-p)]+\tilde{f}(i-m)。$$

以这样求得的 a_p，再用下述方法，用（2-52）式来确定 ω_k 的值。若将 ω_k 记做 ω，则（2-52）式就成为 $a_0+\sum_{p=1}^{m-1}a_p\cos(p\omega)=\cos(m\omega)$。就可以将前一个式子变为 $\cos\omega$ 的 m 次多项式。

于是这个多项式有 m 个根。由它们所确定的 m 个 ω_k，满足（2-52）式。角频率被确定后，就按普通最小二乘法来确定系数 A_k，B_k。但通常要求 $1\leqq m\leqq N/3$。对于 $m=2$，3，……，$[N/3]$，可以求得 $[N/3]$

-1 个 $f(n)$，于是就有 [N/3] -1 个 $f(n+1)$。由于预测月份的差分值可以预期落在一个较大的区间里，这个区间是以与预测月份相同月份过去的差分值的平均值 ± 适当的 Δ 来确定的。将落入该区间的 $f(n+1)$ 取来，再取其平均值，就算作预测值。称此模型为限界平均时间序列模型。

2.5.2 增长曲线模型

增长曲线预测法，也叫趋势外推法。这种方法基于如下两个假设：

（1）决定某项指标历史和未来发展的因素没有大的变化。

（2）指标的发展属于渐进增长变化，而不是跳跃式变化。在实际运用此方法进行预测工作时，应注意检验这两个假设是否成立。

增长曲线是描述某项指标依时间而呈现某种规律性变化的一种曲线。本程序利用多项式曲线、生长曲线、龚泊兹曲线、修正指数曲线和指数曲线五种模型来描述、分析和预测指标未来一年的发展变化。增长曲线预测法，就是利用增长曲线模型来描述、分析和预测指标的发展变化。在增长曲线预测程序中，使用了五种增长曲线预测模型同时进行预测。

1. 曲线类型。

（1）三次以下多项式曲线。

函数形式：$y = b_0 + b_1 t + b_2 t^2 + b_3 t^3$

（2）生长曲线（逻辑增长曲线）。

函数形式：$y = \dfrac{L}{1 + b_0 \cdot e^{-b_1 t}}$　　$b_0, b_1 > 0, L > 0$

（3）龚泊兹（GOMPERTZ）曲线。

函数形式：$y = L \cdot e^{-b_0 \cdot e^{-b_1 t}}$　　$b_0 > 0, b_1 > 0$

（4）修正指数曲线。

函数形式：$y = L - b_0 e^{-b_1 t}$　　$0 < b_0 \leqslant L, b_1 > 0$

（5）指数曲线。

函数形式：$y = b_0 \cdot - e^{b_1 t}$　　$b_0 > 0, b_1 > 0$

在上述五种曲线函数中，t 是时间变量，y 是经济、金融指标，b_0、b_1、b_2、b_3 是模型参数，L 是极限参数，也叫最大极限值。在预测时，L

的值是根据具体情况由程序自动给出的。

2. 预测方法。

（1）准备工作。在进行实际预测之前，先对原始时间序列数据进行X－11季节调整处理，得到指标的趋势·循环TC数据和季节因素S数据。

（2）拟合曲线。利用指标的TC值分别拟合前面提到的五种曲线，得到各曲线函数的参数估计值，也就是得到了各增长曲线模型的具体函数形式。其中对多项式曲线采用逐步回归的方法确定每个参数；对其余四种曲线，先进行一些相应的数学变换，使之线性化后，再采用多元线性回归的方法，求得待估的参数，进而还原确定原曲线函数的参数值。

（3）外推TC。用通过步骤（1）得到的五种增长曲线函数，对指标的TC值同时进行外推，得到超前（预测）时间五个模型对指标的TC的预测值 $T\hat{C}_1, T\hat{C}_2, T\hat{C}_3, T\hat{C}_4, T\hat{C}_5$。

（4）求五个模型的预测结果。$T\hat{C}_1, T\hat{C}_2, T\hat{C}_3, T\hat{C}_4, T\hat{C}_5$ 只是五种模型对指标的TC的各自预测值，而要求得到超前（预测）时间的预测结果，还必须把超前（预测）时间的季节因素考虑进去。利用通过步骤（1）得到的指标的季节因素S的数据，通过S的外推公式，可以求得预测时间的季节因素 $\hat{S}$，进而用 $\hat{S}$ 与 $T\hat{C}_1, T\hat{C}_2, T\hat{C}_3, T\hat{C}_4, T\hat{C}_5$ 的乘积 $T\hat{C}_1 \times \hat{S}, T\hat{C}_2 \times \hat{S}, T\hat{C}_3 \times \hat{S}, T\hat{C}_4 \times \hat{S}, T\hat{C}_5 \times \hat{S}$ 或用 $\hat{S}$ 与 $T\hat{C}_1, T\hat{C}_2, T\hat{C}_3, T\hat{C}_4, T\hat{C}_5$ 的和 $T\hat{C}_1 + \hat{S}, T\hat{C}_2 + \hat{S}, T\hat{C}_3 + \hat{S}, T\hat{C}_4 + \hat{S}, T\hat{C}_5 + \hat{S}$ 得到五个模型各自的实际预测结果 F_1, F_2, F_3, F_4, F_5。

一般将五个模型的预测值加起来，再取平均作为增长曲线预测法的预测值。

2.5.3 增长率模型

本模型是根据增长率的变化来预测经济指标未来一个月（季、年），或未来几个月（或季度、年度）的值。

增长率模型的计算方法是首先预测经济指标增长率的变化，然后根据增长率的变化预测经济指标的未来值。具体做法如下：

1. 变增长率模型。

（1）求出增长率序列，并进行季节调整。设经济指标的时间序列为 Y_t，样本个数为 $N, Y=(y_1, y_2, \cdots, y_N)$。我们的目标是外推 y_{N+1} 的值。首先，我们把时间序列的每个样本与上年同月（或季）的样本相比，得到增长率序列。记为 $R=(r_{13}, r_{14}, \cdots, r_N)$。增长率序列比指标的时间序列少了一年的样本。为叙述方便起见，取 $n=N-12$，去掉时间序列初始年一年的样本后，重新排序。有 $Y=(y_1, y_2, \cdots, y_n), R=(r_1, r_2, \cdots, r_n)$。然后用 X－11 季节调整程序对 R 序列进行季节调整。在季节调整中，我们采用乘法模型，即 $R=TC*S*I$。这里 TC 是趋势 · 循环要素，S 是季节要素，I 是不规则要素。季节调整后，我们把得到的 R 的趋势 · 循环要素序列记为 R. TC，季节要素记为 R. S。

（2）用三次样条函数拟合 R. TC 序列。R. TC 序列由于不包含季节要素和不规则要素，所以波动较小，并且光滑。基于此种原因，我们采用三次样条函数来拟合它。

取一组插值结点 x_1，x_2，$\cdots$，x_n。在这里设 $x_1=1$，$x_2=2$，$\cdots$，$x_n=n$。对应的函数值取为 R. TC 序列的样本值。在这组插值结点上，我们构造三次样条函数 $S(x)$。

三次样条函数 $S(x)$ 在每个分段 (x_{t-1}, x_t) 上都是三次多项式，且满足下列条件：

①插值条件：$S(x_t) = R.TC_t \quad (t=1, 2, \cdots, n)$

②连接条件：在分点 x_t 处具有连续的一阶和二阶导数，即：

$$\left.\begin{aligned} s'(x_t-0) &= s'(x_t+0) \\ s''(x_t-0) &= s''(x_t+0) \end{aligned}\right\} \quad (t=2,3,\cdots,n-1)$$

③自然边界条件：$s''(x_1) = s''(x_n) = 0$

在每个子区间 $[x_t, x_{t-1}]$ 上，由牛顿插值公式有：

$$\begin{aligned} s(x) &= s(x_t) + (x-x_t)s(x_t, x_{t+1}) \\ &\quad + (x-x_t)(x-x_{t-1})s(x, x_t, x_{t+1}) \end{aligned} \qquad (2-55)$$

这里 $s(t_t, x_{t+1}) = \dfrac{s(x_{t+1}) - s(x_t)}{x_{t+1} - x_t}, s(x, x_t, x_{t+1}) = \dfrac{1}{6}[s''(x) + s''(x_t) + s''(x_{t+1})]$，因 $s(x)$ 是三次多项式，$s''(x)$ 在 $[x_t, x_{t+1}]$ 上是一次多项式，故

$$s''(x) = s''(x_t) + (x-x_t)s''(x_t, x_{t+1}) \qquad (2-56)$$

求导，则有

$$s'(x) = s(x_t, x_{t+1}) + (2x - x_t - x_{t+1})s(x, x_t, x_{t+1}) + \frac{1}{6}(x - x_t)(x - x_{t+1})s''(x_t, x_{t+1}) \quad (2-57)$$

利用连接条件，由此可得 $s''(x_t)(t=2,3,\cdots,n-1)$ 满足三对角线性方程组

$$(x - x_{t-1})s''(x_{t-1}) + 2(x_{t+1} - x_{t-1})s''(x_t) + (x_{t+1} - x_t)s''(x_{t+1}) = 6[s(x_t, x_{t+1}) - s(x_{t-1}, x_t)] \quad (t = 2,3,\cdots,n-1) \quad (2-58)$$

用追赶法求解方程组，然后对给定的一组插值点 T_i（在这里插值点也取为 $T_1=1, T_2=2, \cdots, T_n=n$），并且分别求出这组插值点上的函数值，一阶导数值和二阶导数值。记为 F_t，$F1_t$和 $F2_t$。

（3）用 $R.TC$ 拟合曲线的一阶导数值近似替代增量 $\Delta R.TC$。$R.TC$ 序列的增量可表示为 $\Delta R.TC_t = \Delta R.TC_t - \Delta R.TC_{t-1}, t=2,3,\cdots,n$。由于 $\Delta t = t-(t-1)=1$，故 $\frac{\Delta R.TC_t}{\Delta t} = \Delta R.TC_t$。前面我们用三次样条函数来拟合 R. TC 序列，在插值点 $t=1,2,\cdots,n$ 上求出了该函数的一阶导数值 $F1_t(t=1,2,\cdots,n)$，则可用来近似增量：

$$F1_t \approx \Delta \mathrm{R.TC}_t t=2,3,\cdots,n \quad (2-59)$$

从而可求出 $\mathrm{R.TC}_{n+1}$的近似值：

$$\tilde{R}.TC_{n+1} \approx R.TC_n + F1_n \quad (2-60)$$

（4）外推季节要素序列 $n+1$ 在点的值。

设 $K=(n+1)-\mathrm{IMQ}$，$J=(n+1)-2*\mathrm{IMQ}$

$$IMQ = \begin{cases} 12 & \text{当时间序列为月度数据} \\ 4 & \text{当时间序列为季度数据} \end{cases}$$

外推公式为：

$$\tilde{R}.S_{n+1} \approx R.S_k + \frac{1}{2}(R.S_k - R.S_j) \quad (2-61)$$

上式是利用预测月（或季）上年同月（或季）和前年同月（或季）的季节要素去外推预测月（或季）的季节要素。

（5）预测经济指标。在上述步骤的基础上，我们可近似地求出预测

月（或季）的增长率 R_{n+1}。即：

$$\tilde{R}_{n+1} \approx R.TC_{n+1} \times R.S_{n+1} \tag{2-62}$$

我们忽略了不规则要素 I。然后近似求出 Y_{n+1}：

$$Y_{n+1} \approx \tilde{R}_{n+1} \times Y_k \tag{2-63}$$

上式中的 k 定义为预测月（或季）上年同月（或季）比的值。

2. 等增长率模型。设去年 i 月份的数值为 y_i，去年 $i+1$ 月份的数值为 y_{i+1}。今年 i 月份的数值为 $\hat{y}_i$，今年 $i+1$ 月份的数值为 $\hat{y}_{i+1}$。按等增长率原则有：$\frac{\hat{y}_{i+1}}{y_{i+1}} = \frac{\hat{y}_i}{y_i}$

若今年 $i+1$ 月份是预测月份，则由

$$\hat{y}_{i+1} = \frac{\hat{y}_i}{y_i} \times y_{i+1} \tag{2-64}$$

就可以求出预测值。这个模型虽然很简单、直观，但当经济增长比较稳定时，预测精度也很高，可以作为一个单一模型。

一般是将变增长率和等增长率模型的两个预测值加起来，再取平均作为增长率模型的预测值。通过大量的计算，可以看出增长率模型用于预测由月度或季度序列构成的经济指标精度比较高。

2.5.4 ARIMA 模型

ARIMA 方法（自回归移动平均方法）基于如下两个假设：

（1）决定某项指标历史和未来发展的因素没有大的变化。

（2）指标的发展属于渐进增长变化，而不是跳跃式变化。在实际运用此方法进行预测工作时，应注意检验这两个假设是否成立。若 $\{y_t\}$ 的二阶矩有限，且对任意时点 t 和 s 满足二阶平稳条件，即，$Ey_t = \mu Ey_t y_s - \mu^2 = r_{ts} = r_{t-s}$，就称 $\{y_t\}$ 为平稳时间序列，或平稳序列，它表明 μ_t 与 t 无关，r_{ts} 只与 t 与 s 时点的间隔距离 $|t-s|$ 有关。对一平稳时间序列 $\{y_t\}$，有下面三种常用的模型，其中 $\{\varepsilon_t\}$ 是白噪声序列。

①自回归模型：

$$y_t = \varphi_1 y_{t-1} + \varphi_2 y_{t-2} + \cdots + \varphi_p y_{t-p} + \varepsilon_t \tag{2-65}$$

其中 p 为自回归阶数，$\varphi = (\varphi_1, \varphi_2, \cdots, \varphi_p)'$ 为自回归参数向量，此模

型称为自回归模型，常记作 $AR(p)$。

②移动平均模型（Moving Average）：

$$y_t = \varepsilon_t - \theta_t\varepsilon_{t-1} - \cdots - \theta_q\varepsilon_{t-q} \quad (2-66)$$

其中 q 为移动平均阶数，$\theta = (\theta_1, \theta_2, \cdots, \theta_q)'$ 为移动平均参数向量，此模型称为移动平均模型，常记作 MA(q)。

③混合模型：

$$y_t = \varphi_1 y_{t-1} + \cdots + \varphi_p y_{t-p} + \varepsilon_t - \theta_1\varepsilon_{t-1} - \cdots - \theta_q\varepsilon_{t-q} \quad (2-67)$$

显然此模型是模型（2-66）与（2-67）的组合形式，它考虑 y_t 的两类过去影响的组合，称为混合模型，常记作 ARMA(p,q)。当 $p=0$ 时，ARMA($0,q$) = MA(q)，当 $q=0$ 时，ARMA(p,0) = AR(p)。

若用 L^i 表示 i 步延迟算子，即 $L^i w_t = w_{t-i}$，并记

$$\theta(L) = 1 - \theta_1 L - \theta_2 L^2 - \cdots - \theta_q L^q$$
$$\varphi(L) = 1 - \varphi_1 L - \varphi_2 L^2 - \cdots - \varphi_q L^q$$

为算子多项式，它们像普通的多项式一样，也可进行因式分解，并且算子多项式之间可以进行乘法运算，于是 AR(p) 模型可写成 $\varphi(L)y_t = \varepsilon_t$，MA($q$) 模型可写成 $y_t = \theta(L)\varepsilon_t$，如果 $\theta(L)$ 与 $\varphi(L)$ 无公共因子，则 ARMA(p,q) 模型可写成 $\varphi(L)y_t = \theta(L)\varepsilon_t$。尽管 AR($p$)，MA($q$) 是 ARMA($p,q$) 的特例，但三种模型的性质却有很大的差异。

经济时间序列 $\{y_t\}$ 一般都具有较强的依时间变化的趋势，有的还有明显的季节变化规稳律，从而是非平稳序列。在建模之前需将数据进行适当的处理，如果 $\{y_t\}$ 的样本曲线近似于斜率不为零的直线，对 $\{y_t\}$ 做一阶差分处理，即令 $x_t = y_t - y_{t-1}$，$t = 2, \cdots, n$。$\{x_t\}$ 有可能是平稳的。记 ∇ 为差分算子，则上式可写成

$$x_t = y_t - y_{t-1} = \nabla y_t = (1-L)y_t \quad (2-68)$$

其中 L 是延迟算子。如果 $\{y_t\}$ 的样本曲线近似于二次曲线，这时对 $\{y_t\}$ 做二阶差分处理，

$$x_t = \nabla^2 y_t = \nabla(\nabla y_t) = \nabla(y_t - y_{t-1}) = y_t - y_{t-1} - (y_{t-1} - y_{t-2}) = y_t - 2y_{t-1} + y_{t-2} = (1-2L+L^2)y_t = (1-L)^2 y_t \quad (2-69)$$

一般 d 阶差分记作

$$x_t = \nabla^d y_t = (1-L)^d y_t = \sum_{j=0}^{d} (-1)^r C_d^j L^j y_t \tag{2-70}$$

其中 $C_d^j = \dfrac{d!}{j!(d-j)!}$。经过 d 阶差分 $x_t = \nabla^d y_t (d+1 \leqslant t \leqslant n)$ 后，如果经检验，$\{x_t\}$ 是平稳的，则从 $\{x_t\}$ 出发，建立 ARMA 模型 $\phi(L)x_t = \theta(l)\varepsilon_t$，其中 $\phi(L) = (1-\varphi_1 L - \cdots - \varphi_p L^p)$，$\theta(L) = 1-\theta_1 L - \cdots - \theta_q L^q$。$\{y_t\}$ 满足模型

$$\theta(L)(1-L)^d y_t = \theta(L)\varepsilon_t \tag{2-71}$$

此模型被称为“求和自回归移动平均模型”记作 ARIMA(p,d,q)。ARIMA 模型中的差分阶数 d 不宜过高，经验表明，d 过高不仅失去的数据增多且使数据的离散程度增大。有时 $\{y_t\}$ 受季节因素的影响而具有明显的周期性变化规律，这时需对 $\{y_t\}$ 做季节差分处理，用 ∇_s 表示季节差分算子，其中 s 是季节周期，即 $x_t = \nabla_s y_t = (1-L^s)y_t = y_t - y_{t-s}$。通常对于季度数据取 $s=4$，月度数据取 $s=12$。有时需作若干次，例如 D 次季节差分，即 $x_t = \nabla_s^D y_t$，$t = Ds+1, Ds+2, \cdots, n$，才能使原序列平稳化。

如果 $\{y_t\}$ 依时间 t 具有指数变化趋势，应先对 $\{y_t\}$ 取对数 $z_t = \ln y_t$。再考查序列 z_t 的平稳性，非平稳时按上述方法消除 z_t 的趋势性与季节性。注意到差分阶数 d，季节周期 s 与季节差分阶数 D 一旦确定，差分算子与季节差分算子中不含未知参数，需要估计的模型参数仅是平稳序列 $\{x_t\}$ 的参数，因此 ARIMA 模型的估计与检验与 ARMA 模型相比，并没带来本质性的差异。

因此，对给定的序列 $\{y_t\}$，首先检验它是否具有平稳性，如果不平稳，做差分处理，然后判断是否是上述三种模型之一，具体属于哪种模型；再根据已识别的模型，确定它的阶数是多少，如何估计其参数；最后检验所建模型是否合理，这就是建立 ARIMA 模型的三个步骤。即模型识别、参数估计和模型检验。

1. 模型识别。在实际研究中，我们所能获得的只是经济指标的时间序列数据 $y_1, y_2, \cdots, y_n$，根据经济指标的样本特征，来推断其总体（真实）特征，为此，定义 $\{y_t\}$ 的样本自协方差函数

$$\hat{r}_k = \hat{r}_{-k} = \frac{1}{n}\sum_{t=1}^{n-k}(y_{t+k} - \bar{y})(y_t - \bar{y}) \tag{2-72}$$

和样本自相关函数

$$\hat{\rho}_k = \hat{\rho}_{-k} = \hat{r}_k / \hat{r}_0, \quad k = 0,1,\cdots,n-1 \tag{2-73}$$

其中 $\bar{y}_t = \frac{1}{n}\sum_{t=1}^{n} y_t$ 是序列的样本均值。$\hat{r}_k$ 的求和系数用的是 $\frac{1}{n}$ 而不是 $\frac{1}{n-k}$，这可保证如此得到的自协方差函数列 $\{\hat{r}_k\}$ 是非负定列。

（1）MA 模型的识别。假定 $\{y_t\}$ 是 MA(q) 序列，即

$$y_t = \varepsilon_t - \theta_1\varepsilon_{t-1} - \cdots - \theta_q\varepsilon_{t-q} \tag{2-74}$$

其中 $\{\varepsilon_t\}$ 是白噪声序列，$E\varepsilon_t = 0$，$E\varepsilon_t\varepsilon_{t-j} = \delta_{0j}\sigma^2$，而

$$r_k = Ey_{t+k}y_t = E\left(\varepsilon_t - \sum_{j=1}^{q}\theta_j\varepsilon_{t-j}\right)\left(\varepsilon_{t+k} - \sum_{i=1}^{q}\theta_i\varepsilon_{t+k-i}\right)$$

$$= \begin{cases} \sigma^2(1+\theta_1^2+\cdots+\theta_q^2), & k=0 \\ \sigma^2(-\theta_k+\theta_1\theta_{k+1}+\cdots+\theta_{q-k}\theta_q), & 0<k\leqslant q \\ 0, & k>q \end{cases} \tag{2-75}$$

进而得到

$$\rho_k = \frac{r_k}{r_0} = \begin{cases} 1, & k=0 \\ \dfrac{1+\theta_1^2+\cdots+\theta_q^2}{-\theta_k+\theta_1\theta_{k+1}+\cdots+\theta_{q-k}\theta_q}, & 0<k\leqslant q \\ 0, & k>q \end{cases} \tag{2-76}$$

上式表明对 MA(q) 模型，当 $k>q$ 时，$\rho_k = 0$。y_t 与 y_{t+k} 不相关，这种性质通常称为是截尾的。MA(q) 模型的自相关函数在 q 步以后是截尾的，反之若序列的自相关函数在 q 步以后截尾，则可认为此序列是 MA(q) 型的。

以上只是理论上的结论，实际上我们只有 ρ_k 的估计量 $\hat{\rho}_k$，它是随机变量，可以证明，对于 MA(q) 序列，当 $k>q$ 时，$\hat{\rho}_k$ 近似服从均值为 0，方差为 $\frac{1}{n}\left(1+2\sum_{j=1}^{q}\rho_j^2\right)$ 的正态分布。而一个均值为 0 的随机变量，其取值只是在 0 附近摆动，并非一定为零。因此，$P\left(|\hat{\rho}_k| < \sqrt{\frac{1+2\rho_1^2}{n}}\right) \approx 68.3\%$。

实际应用中，通常取 $M = n/10$ 或 $M = \sqrt{n}$，如果 $|\hat{\rho}_k| > \sqrt{\frac{1+2\rho_1^2}{n}}$ 的个数为 q，$\frac{q}{M} \leqslant 4.5\%$，按"小概率事件原理"，可认为 $\hat{\rho}_k$ 在 $k > q$ 时是截尾的，即判断 $\{y_t\}$ 是 MA(q) 序列；如果不存在这样的 q，再判断 $\{y_t\}$ 是否为其他类型的序列。

（2）AR 模型的识别。假定平稳序列 $\{y_t\}$ 是 AR 模型，真实模型为

$$y_t = \varphi_1 y_{t-1} + \varphi_2 y_{t-2} + \cdots + \varphi_p y_{t-p} + \varepsilon_t \tag{2-77}$$

其中 $\{\varepsilon_t\}$ 是白噪声序列，模型阶数 p 未知，这时需识别其阶数。如果 y_t 可用 $y_{t-1}, y_{t-2}, \cdots, y_{t-k}$ 的线性组合去逼近，其误差记为 ω_t，则

$$y_t = \sum_{j=1}^{k} \varphi_{kj} y_{t-j} + \omega_t \tag{2-78}$$

因此，对给定的 k，就有一组未知参数 $\varphi_{k1}, \varphi_{k2}, \cdots, \varphi_{kk}$，$k = 1,2,\cdots$；为估计 φ_{kj}，$j = 1,2,\cdots,k$，，可使残差平方和的期望

$$Q = E\Big(y_t - \sum_{j=1}^{k} \varphi_{kj} y_{t-j}\Big)^2 \tag{2-79}$$

达到最小。代入真实的 y_t，且由 $E(\varepsilon_t y_{t-j}) = 0$，$j \geqslant 1$，就有

$$\begin{aligned} Q &= E\Big(\sum_{j=1}^{p} \varphi_j y_{t-j} + \varepsilon_t - \sum_{j=1}^{k} \varphi_{kj} y_{t-j}\Big)^2 \\ &= E\Big(\varepsilon_t + \sum_{j=1}^{p} (\varphi_j - \varphi_{kj}) y_{t-j} - \sum_{j=p+1}^{k} \varphi_{kj} y_{t-j}\Big)^2 \\ &= \sigma^2 + E\Big(\sum_{j=1}^{p} (\varphi_j - \varphi_{kj}) y_{t-j} - \sum_{j=p+1}^{k} \varphi_{kj} y_{t-j}\Big)^2 \end{aligned} \tag{2-80}$$

为使 Q 达到最小，只需取 $\varphi_{kj} = \begin{cases} \varphi_j, 1 \leqslant j \leqslant p \\ 0, p < j \leqslant k \end{cases}$，其中 $k = p, p+1, \cdots$。可见 φ_{kk} 在 $k > p$ 以后全等于零，即 φ_{kk} 是截尾的，这是平稳序列为 AR 型的充分条件。此外，还可以验证 $\varphi_{kk}(k = 1,2,\cdots)$ 是在给定 $y_{t-1}, y_{t-2}, \cdots, y_{t-k+1}$ 的条件下，y_t 与 y_{t-k} 的条件相关系数，它度量了在扣除 $y_{t-1}, y_{t-2}, \cdots, y_{t-k+1}$ 影响之后 y_t 与 y_{t-k} 的线性相关程度。

求 Q 关于 φ_{kj} 的偏导数，并令其等于零，可以得到 φ_{kj} 应满足方程

$$\begin{bmatrix} 1 & \rho_1 & \cdots & \rho_{k-1} \\ \rho_1 & 1 & \cdots & \rho_{k-2} \\ \vdots & \vdots & & \vdots \\ \rho_{k-1} & \rho_{k-2} & \cdots & 1 \end{bmatrix} \begin{bmatrix} \varphi_{k1} \\ \varphi_{k2} \\ \vdots \\ \varphi_{kk} \end{bmatrix} = \begin{bmatrix} \rho_1 \\ \rho_2 \\ \vdots \\ \rho_k \end{bmatrix} \tag{2-81}$$

对给定的 k 及已知的 $\rho_1, \rho_2, \cdots, \rho_k$，可按上式求 φ_{kj}，$j = 1,2,\cdots, k$，$k = 1,2,\cdots$，也可按下面的递推公式

$$\begin{cases} \varphi_{11} = \rho_1 \\ \varphi_{k+1,k+1} = \left(\rho_{k+1} - \sum\limits_{j=1}^{k} \rho_{k+1-j}\varphi_{kj}\right)\left(1 - \sum\limits_{j=1}^{k} \rho_j\varphi_{kj}\right)^{-1} \\ \varphi_{k+1,j} = \varphi_{kj} - \varphi_{k+1,k+1}\varphi_{k,k+1-j} \end{cases} \tag{2-82}$$

实际应用中，ρ_j 取其估计量 $\hat{\rho}_j$ 可得偏相关函数 φ_{kk} 的估计量 $\hat{\varphi}_{kk}, k = 1,2,\cdots$。可以证明对于 AR($p$)，当 $k > p$ 时，近似地有 $\hat{\varphi}_{kk} \sim N(0,1/n)$。因此，如果某时刻 p 后，即 $k > p$ 时，$|\hat{\varphi}_{kk}| > 2/\sqrt{n}$ 的个数所占的百分比不超过 4.5% 时，可以认为平稳序列 $\{y_t\}$ 是 AR(p) 型的。

（3）ARMA 模型的识别。根据前面的介绍和平稳序列 $\{y_t\}$ 的样本自相关函数 $\hat{\rho}_k$ 特点，可以知道，如果 $\hat{\rho}_k$ 截尾（这时 $\hat{\varphi}_{kk}$ 是拖尾的），则可以判断 $\{y_t\}$ 是 MA 型的。相反，如果 $\hat{\rho}_k$ 拖尾，且由 $\hat{\rho}_k$ 计算得 $\{y_t\}$ 的样本偏相关函数 $\hat{\varphi}_{kk}$，又具有截尾性，则可以判断 $\{y_t\}$ 是 AR 型的。如果 $\hat{\varphi}_{kk}$ 不是截尾的，这时可以认为平稳序列 $\{y_t\}$ 是 ARMA 型的。但混合模型 ARMA(p,q) 中的阶数 p 与 q 没有纯模型 AR(p)，MA(q) 那样的识别方法，只能用“瞎子爬坡”的办法。一步一摸索，即从低阶（1，1），（1，2），（2，1），（2，2），…，逐步增加阶数进行试验。除了用上述方法判断平稳序列的类型外，还可根据 $\{y_t\}$ 的 $\hat{\rho}_k, \hat{\varphi}_{kk}$ 的图形来判断类型，有时更具直观性。此外，以上的识别方法是根据样本的一次现实判断的，因此带有随机性，故只能作为初步识别。在实际应用中，还要与参数估计（参数是否落于平稳域内）及模型检验结合起来，最后确定合适的模型阶数。

2. 模型及其参数估计。

设平稳序列 $\{y_t\}$ 是前面介绍的三种模型之一，模型的阶数已初步确

定。下面分别介绍这三类模型的常用估计方法。

(1) AR 模型及其参数估计。对于 AR(p) 模型 $y_t = \varphi_1 y_{t-1} + \varphi_2 y_{t-2} + \cdots + \varphi_p y_{t-p} + \varepsilon_t$, $t = p+1, \cdots, n$, 其中 $\{\varepsilon_t\}$ 是白噪声序列, $E\varepsilon_t = 0, D\varepsilon_t = \sigma_\varepsilon^2$。这里仅介绍模型参数 $\alpha = (\varphi_1, \varphi_2, \cdots, \varphi_p, \sigma_\varepsilon^2)$ 的 Yule - Walker 估计 (又称矩估计), 这种方法简单易操作, 且精度较高, 与其他方法如最小二乘估计等精估计比较相差甚微。即 α 满足方程

$$\begin{bmatrix} \hat{\rho}_0 & \hat{\rho}_1 & \cdots & \hat{\rho}_{p-1} \\ \hat{\rho}_1 & \hat{\rho}_0 & \cdots & \hat{\rho}_{p-2} \\ \vdots & \vdots & & \vdots \\ \hat{\rho}_{p-1} & \hat{\rho}_{p-2} & \cdots & \hat{\rho}_0 \end{bmatrix} \begin{bmatrix} \hat{\varphi}_1 \\ \hat{\varphi}_2 \\ \vdots \\ \hat{\varphi}_p \end{bmatrix} = \begin{bmatrix} \hat{\rho}_1 \\ \hat{\rho}_2 \\ \vdots \\ \hat{\rho}_p \end{bmatrix} \quad (2-83)$$

及

$$\hat{\sigma}_\varepsilon^2 = \hat{r}_0 - \sum_{j=1}^{p} \hat{\varphi}_j \hat{r}_j = \hat{r}_0 - \sum_{i=1}^{p} \sum_{j=1}^{p} \hat{\varphi}_i \hat{\varphi}_j \hat{r}_{j-i} \quad (2-84)$$

解得 $\hat{\varphi}_i, \cdots, \hat{\varphi}_p$, 我们可得序列在 t 时点的估计值。

$$\hat{y}_t = \hat{\varphi}_1 y_{t-1} + \hat{\varphi}_2 y_{t-2} + \cdots + \hat{\varphi}_p y_{t-p}, \ t = p+1, p+2, \cdots, n \quad (2-85)$$

也可按下式递推计算

$$\hat{y}_t = \hat{\varphi}_1 \hat{y}_{t-1} + \hat{\varphi}_2 \hat{y}_{t-2} + \cdots + \hat{\varphi}_p \hat{y}_{t-p} \quad (2-86)$$

记 t 时点残差为 $e_t = y_t - \hat{y}_t, t = p+1, p+2, \cdots, n$, 则残差平方和为 $s(\varphi) = \sum_{t=p+1}^{n} e_t^2 = \sum_{t=p+1}^{n} (y_t - \hat{y}_t)^2$, 通常 σ_ε^2 的估计也取作 $\hat{\sigma}_\varepsilon^2 = \frac{1}{n-p} \sum_{t=p+1}^{n} e_t^2$.

若仿照线性模型中 R^2 的计算, 定义

$$\begin{aligned} R^2 &= 1 - s(\varphi) \left[\sum_{t=p+1}^{n} (y_t - \bar{y})^2 \right]^{-1} \\ &= 1 - \sum_{t=p+1}^{n} (y_t - \hat{y}_t)^2 \left[\sum_{t=p+1}^{n} (y_t - \bar{y})^2 \right]^{-1} \end{aligned} \quad (2-87)$$

当 R^2 接近 1, 则表明模型对于历史数据拟合效果好。由此, 可用此模型做趋势外推, 即

$$\hat{y}_{n+t} = \hat{\varphi}_1 \hat{y}_{n+t-1} + \cdots + \hat{\varphi}_p \hat{y}_{n+t-p}, \ t = 1, 2, \cdots, n_2 \quad (2-88)$$

其中 n_2 是欲预测的时点长度。

(2) MA 模型及其参数的矩估计。对于 MA(q) 模型

$$y_t = \varepsilon_t - \theta_1\varepsilon_{t-1} - \cdots - \theta_q\varepsilon_{t-q},\ t = q+1, q+2, \cdots, n \tag{2-89}$$

其中 $\{\varepsilon_t\}$ 是白噪声序列，其参数向量用 β 表示，$\beta = (\theta_1, \theta_2, \cdots, \theta_q, \sigma_\varepsilon^2)$，它是 $q+1$ 个未知参数的非线性方程组，按此式估计 β 的方法统称为 MA 的矩估计。当 q 较小时，用 $\hat{r}_k$ 代替式中的 r_k，$k = 0, 1, \cdots, q$，可直接求解方程得 β 的估计，当 q 较大时通常采用数值解法求 β 的近似估计。

下面我们介绍 NR（Newton - Raphson）算法：

$$\begin{cases} \hat{r}_0 = \hat{\sigma}_\varepsilon^2 + (-\hat{\theta}_1\hat{\sigma}_\varepsilon)^2 + \cdots + (-\hat{\theta}_q\hat{\sigma}_\varepsilon)^2 \\ \hat{r}_1 = \hat{\sigma}_\varepsilon(-\hat{\theta}_1\hat{\sigma}_\varepsilon) + (-\hat{\theta}_1\hat{\sigma}_\varepsilon)(-\hat{\theta}_2\hat{\sigma}_\varepsilon) + \cdots + (-\hat{\theta}_{q-1}\hat{\sigma}_\varepsilon)(-\hat{\theta}_q\hat{\sigma}_\varepsilon) \\ \vdots \\ \hat{r}_q = \hat{\sigma}_\varepsilon(-\hat{\theta}_q\hat{\sigma}_\varepsilon) \end{cases} \tag{2-90}$$

记 $\hat{\sigma}_k \equiv -\hat{\sigma}_\varepsilon\hat{\theta}_k, k = 1, 2, \cdots, q, \hat{\sigma}_0 \equiv \hat{\sigma}_\varepsilon$。于是有

$$\begin{cases} \hat{\sigma}_0^2 + \hat{\sigma}_1^2 + \cdots + \hat{\sigma}_q^2 - \hat{r}_0 = 0, \\ \hat{\sigma}_0\hat{\sigma}_k + \hat{\sigma}_1\hat{\sigma}_{k+1} + \cdots + \hat{\sigma}_{q-k}\hat{\sigma}_q - \hat{r}_k = 0,\ k = 1, 2, \cdots, q \end{cases} \tag{2-91}$$

再记 $\hat{f}_0 = \sum_{j=0}^{q}\hat{\sigma}_j^2 - \hat{r}_0, \hat{f}_k = \sum_{j=0}^{q-k}\hat{\sigma}_j\hat{\sigma}_{k+j} - \hat{r}_k$，以及 $\hat{f} \equiv (\hat{f}_0, \hat{f}_1, \cdots, \hat{f}_q)'$，

$$\hat{\sigma} \equiv (\hat{\sigma}_0, \hat{\sigma}_1, \cdots, \hat{\sigma}_q)'\ F = \frac{\partial\hat{f}}{\partial\hat{\sigma}'} \equiv \left(\frac{\partial\hat{f}_i}{\partial\hat{\sigma}_j}\right) = \begin{pmatrix} \frac{\partial\hat{f}_0}{\partial\hat{\sigma}_0} & \cdots & \frac{\partial\hat{f}_0}{\partial\hat{\sigma}_q} \\ \vdots & & \vdots \\ \frac{\partial\hat{f}_q}{\partial\hat{\sigma}_0} & \cdots & \frac{\partial\hat{f}_q}{\partial\hat{\sigma}_q} \end{pmatrix}$$，容易算得

$$F = \begin{bmatrix} \hat{\sigma}_0 & \hat{\sigma}_1 & \cdots & \hat{\sigma}_{q-1} & \hat{\sigma}_q \\ \hat{\sigma}_1 & \hat{\sigma}_2 & \cdots & \hat{\sigma}_q & 0 \\ \vdots & \vdots & & \vdots & \vdots \\ \hat{\sigma}_q & 0 & \cdots & 0 & 0 \end{bmatrix} + \begin{bmatrix} \hat{\sigma}_0 & \hat{\sigma}_1 & \cdots & \hat{\sigma}_{q-1} & \hat{\sigma}_q \\ 0 & \hat{\sigma}_0 & \cdots & \hat{\sigma}_{q-2} & \hat{\sigma}_{q-1} \\ \vdots & \vdots & & \vdots & \vdots \\ 0 & 0 & \cdots & 0 & \hat{\sigma}_0 \end{bmatrix} \tag{2-92}$$

按照 NR 迭代原则，第 l 步迭代值为 $\hat{\sigma}(l)$，则第 $l+1$ 步的 $\hat{\sigma}(l+1)$ 应满足 $\hat{f}(l) + F(l)(\hat{\sigma}(l+1) - \hat{\sigma}(l)) = 0$，于是可得到迭代公式 $\hat{\sigma}(l+1) = \hat{\sigma}(l) - F^{-1}(l)f(l)$，给定一组初值，例如 $\hat{\sigma}(0) = (\hat{r}_0, 0, \cdots, 0)$，便可按上式进行迭代计算，且当 $\|\hat{\sigma}(l+1) - \hat{\sigma}(l)\| < \delta$ 时停止迭代，于是便可得到参数 β 的近似解：$\hat{\sigma}_\varepsilon^2 = \hat{\sigma}_0^2(l)$，$\hat{\theta}_k = -\hat{\sigma}_k(l)/\hat{\sigma}_0(l)$，$k = 1, 2,$

…，q。

（3）MA 模型的预报。在时域上对时间序列进行分析，往往以预报未来值为其主要目的，而 MA 序列的预报不像 AR 模型那样存在着那种递推关系。

MA(q) 模型的算子形式为 $y_t = \theta(L)\varepsilon_t$，设 $\pi(L) = 1 - \pi_1 L - \pi_2 L^2 - \cdots$ 是 $\theta(L)$ 的逆算子，即 $\pi(L)\theta(L) = 1$，可得 $\pi(L)y_t = \pi(L)\theta(L)\varepsilon_t = \varepsilon_t$。

通常称上式为 MA(q) 的逆转形式。这样 MA(q) 模型就转换成无穷阶的 AR 模型了。下面给出 $\pi(L)$ 与 $\theta(L)$ 的关系，因为 $(1 - \pi_1 L - \pi_2 L - \cdots)(1 - \theta_1 L - \theta_2 L^2 - \cdots - \theta_q L^q) = 1$

展开并整理可得到

$$
\begin{aligned}
&1 - (\pi_1 + \theta_1)L - (\pi_2 - \pi_1\theta_1 + \theta_2)L^2 - \cdots \\
&- (\pi_q - \pi_{q-1}\theta_1 - \cdots - \pi_1\theta_{q-1} + \theta_q)L^q \\
&- (\pi_{q+1} - \pi_q\theta_1 - \cdots - \pi_1\theta_q)L^{q+1} - \cdots \\
&= 1
\end{aligned}
\tag{2-93}
$$

于是根据多项式的性质，对已知的 θ_j 可以得到

$$
\pi_1 = -\theta_1,\ \pi_j = \begin{cases} \sum_{i=1}^{j-1} \pi_{j-i}\theta_i - \theta_j, & 2 \leqslant j \leqslant q \\ \sum_{i=1}^{q} \pi_{j-i}\theta_i, & j > q \end{cases}
\tag{2-94}
$$

以上 $\pi(L)$ 的存在是有条件的，即当且仅当 $\theta(L) = 0$ 的根全在单位圆外时，这时也称 MA(q) 是可逆的。由于样本总是有限的，MA(q) 可逆时 $\sum_{j=1}^{\infty} |\pi_j| < +\infty$，故存在 k 使 $\sum_{j>k}^{\infty} |\pi_j|$ 充分小，于是近似地有 $(1 - \sum_{j=1}^{k} \pi_j L^j)y_t \approx \varepsilon_t$，或 $y_t = \sum_{j=1}^{k} \pi_j y_{t-j} + \varepsilon_t, t = k+1, k+2, \cdots$。这样 MA($q$) 模型就转换成 AR($k$) 阶模型了。

如果用 θ 的估计值代替，便得到 $\hat{\pi}_j, j = 1, 2, \cdots, k$，于是

$$
\hat{y}_t = \sum_{j=1}^{k} \hat{\pi}_j y_{t-j},\ t = k+1, k+2, \cdots, n。
\tag{2-95}
$$

仿照 AR(p) 模型的估计与预报，由上式既可得 $\{y_t\}$ 样本期内的拟合值也可得样本期外的预报值。

（4）ARMA 模型参数估计及预报。设 ARMA 序列 $\{y_t\}$ 其阶数 p,q 已初步设定，即

$$y_t = \varphi_1 y_{t-1} + \cdots + \varphi_p y_{t-p} + \varepsilon_t - \theta_1 \varepsilon_{t-1} - \cdots - \theta_q \varepsilon_{t-q} \quad (2-96)$$

由于 AR 模型的估计方法简单且精度高，实用中常采取分离参数的方法分步进行估计。

首先计算 $\hat{r}_k$ 与 $\hat{\rho}_k$，$k = 1,2,\cdots$，并由方程组

$$\begin{bmatrix} \hat{\rho}_q & \hat{\rho}_{q-1} & \cdots & \hat{\rho}_{q-p+1} \\ \hat{\rho}_{q+1} & \hat{\rho}_q & \cdots & \hat{\rho}_{q-p+2} \\ \vdots & \vdots & & \vdots \\ \hat{\rho}_{q+p-1} & \hat{\rho}_{q+p-2} & \cdots & \hat{\rho}_q \end{bmatrix} \begin{bmatrix} \hat{\varphi}_1 \\ \hat{\varphi}_2 \\ \vdots \\ \hat{\varphi}_p \end{bmatrix} = \begin{bmatrix} \hat{\rho}_{q+1} \\ \hat{\rho}_{q+2} \\ \vdots \\ \hat{\rho}_{q+p} \end{bmatrix} \quad (2-97)$$

求得模型的自回归参数向量 $\varphi = (\varphi_1, \varphi_2, \cdots, \varphi_p)'$ 的矩估计 $\hat{\varphi} = (\hat{\varphi}_1, \hat{\varphi}_2, \cdots, \hat{\varphi}_p)'$

记 $\tilde{y}_t \equiv y_t - (\hat{\varphi}_1 y_{t-1} + \cdots + \hat{\varphi}_p y_{t-p})$，$t = p+1, p+2, \cdots, n$。计算序列 $\{\tilde{y}_t\}$ 的自相关函数 $\hat{\tilde{r}}$，它可由原序列 y_t 的 $\hat{r}_j, \hat{\varphi}_j$ 表示，即

$$\hat{\tilde{r}}_k = \sum_{i,j=0}^{p} \hat{\varphi}_i \hat{\varphi}_j \hat{r}_{j-i+k}, k = 0,1,\cdots,p \quad (2-98)$$

将 $\{\tilde{y}_t\}$ 近似视为 MA(q) 型，即

$$\tilde{y}_t = \varepsilon_t - \theta_1 \varepsilon_{t-1} - \cdots - \theta_q \varepsilon_{t-q} \quad (2-99)$$

按已介绍的 MA(q) 估计方法，可求得参数 $\theta_1, \theta_2, \cdots, \theta_q$ 与 σ^2 的估计：$\hat{\theta}_1, \hat{\theta}_2, \cdots, \hat{\theta}_q$ 及 $\hat{\sigma}^2$，再加上估计 $\hat{\varphi}_1, \hat{\varphi}_2, \cdots, \hat{\varphi}_p$，就得模型 ARMA($p$, q) 的全部参数估计。

当满足可逆性条件时，由 $\hat{\theta}_1, \hat{\theta}_2, \cdots, \hat{\theta}_p$，可得 $\hat{\pi}_1, \hat{\pi}_2, \cdots, \hat{\pi}_k$，于是

$$\hat{\tilde{y}} = \sum_{j=1}^{k} \hat{\pi}_j \tilde{y}_{t-j}, \ t = k+1, \cdots, n, n+1, \cdots \quad (2-100)$$

最后得到

$$\tilde{y}_t = \hat{\varphi}_1 y_{t-1} + \hat{\varphi}_2 y_{t-2} + \cdots + \hat{\varphi}_p y_{t-p} + \hat{\tilde{y}}_t, t = l, \cdots, n, \cdots \quad (2-101)$$

其中 $l = \min\{k,p\}$。

3. 模型及其平稳性的检验。前面已给出三类时间序列模型的参数估

计与预测，它们均是在序列是平稳的前提下得到的，而经济时间序列大都具有较强的趋势性与周期性，不经过适当的处理，就不能对这些经济时间序列直接使用这三类模型。因此实际应用中需对序列进行平稳性检验，如果经检验序列是非平稳的，则将其作适当变换以便得到新的与之有关的平稳序列。

（1）Jury 准则。对于平稳的 AR 模型，有时也会因自回归阶数 p 的选择不当，造成模型系统的非平稳，尽管也能计算出模型参数 $\varphi_1,\cdots,\varphi_p$ 的估计值，但反映到对 $\{y_t\}$ 的拟合，特别对样本期外的预报，效果会很差。此外，如果序列确为 MA(q) 模型，但其参数的估计，通常用的是迭代解法或数值解法，在迭代或在搜索最优解的过程中，也常会使其解不属于可逆域，这时在预报中会出现发散现象，这些均涉及系统的稳定性检验问题。一个系统被称为是稳定的，当且仅当刻画此系统的特征多项式 $f(x) = a_n x^n + a_{n-1}x^{n-1} + \cdots + a_1 x + a_0$ 的全部根的模均小于 1。

多项式的根都在复平面单位圆内的充分必要条件是：

① $|a_n| > |a_0|$；

② $f(1) > 0, (-1)^n f(-1) > 0$；

③ $|c_{j+1},0| > |c_{j+1,n-j}|, j = 1,2,\cdots,n-2$

这 $n+1$ 个关系式都成立，其中，$c_{1i} = a_i$，$i = 0,1,\cdots,n$，$c_{j+1,i} = c_{j0}c_{ji} - c_{j,n-j+1}c_{j,n-j+1-i}$，$i = 0,1,\cdots,n-j$。在具体检验 ARMA 模型的平稳性和可逆转时，要将延迟算子多项式 $\varphi(L)$ 和 $\theta(L)$ 化成。例如对 $\varphi(L) = 1 - \varphi_1 L - \cdots - \varphi_p L^p$ 的所有根在单位圆外的检验，就转化成检验 $\varphi*(z) = z^p - \varphi_1 z^{p-1} - \cdots - \varphi_p$ 的根是否在单位圆内，显然与数序列 $a_n,\cdots,a_1,a_0$ 相对应的是（$1, -\varphi_1, -\varphi_2,\cdots,\varphi_p$）。同理，检验 $\theta(L)$ 的可逆性时，相对应的系数序列是（$-\theta_q, -\theta_{q-1},\cdots, -\theta_1, 1$）。因此，在求得 AR($p$) 模型参数估计后，在 MA($q$) 参数估计的迭代过程中都要对模型的平稳性及可逆性作系统稳定性检验，以便得到合理可靠的模型。

（2）AIC 准则。以上关于 ARMA 模型等的估计与预报均是在模型确定的阶数条件下得到的，实际上，真实模型的阶数也是未知的，与模型的方差 σ^2 一样，也是需要确定的未知参数。赤池弘次（Akaike）给出的

AIC 准则（Akaike Information Criterion）为给时间序列模型的定阶带来很大方便，在实际中得到广泛应用。

AIC 准则是使 *AIC* 准则函数：*AIC* = -2ln 模型极大似然值 +（模型的独立参数个数）达到极小。此准则用于 ARMA 模型，并略去与模型参数无关的量，得到

$$AIC(p,q) = n\ln\hat{\sigma}_{\varepsilon}^{2} + 2(p+q+1) \quad (2-102)$$

其中 $\hat{\sigma}_{\varepsilon}^{2}$ 是 σ_{ε}^{2} 的极大似然估计。但因极大似然估计求解困难，实际应用中就取 $\hat{\sigma}_{\varepsilon}^{2}$ 为基于残差平方和的估计。显然，随着模型阶数的增大，残差平方和将减少。这时式中的第 1 项变小，第 2 项增大。理论上使其达到最小的 p，q 是 ARMA 模型的阶数，但实际应用时，还需兼顾其他因素，例如系统的稳定性、模型的拟合优度等。

3 黑龙江省商业景气指数计算结果分析

3.1 数据来源与预处理

3.1.1 数据来源

本研究的数据主要来源于历年的《中国统计年鉴》、《黑龙江省统计年鉴》,《黑龙江省商务年度综合分析报告》,并以国研网、中经网及相关的新闻报道等作为补充,同时还以黑龙江省商业中800多家企业为样本进行了问卷调查。数据选取的时间范围为2004-2016年。

3.1.2 数据预处理方法

关于数据的预处理,主要是对收集到的数据进行统计学处理,由于景气指数所收集的数据一般规模比较大、种类繁多且时间跨度也较长。因此,景气指数所收集的数据处理主要包括数据清理、无量纲化处理等。

1. 空缺值处理。数据清理主要处理空缺值、识别、删除孤立点等。空缺值处理中目前最常用的方法是使用最可能的值填充空缺值。比如可以用回归、贝叶斯形式化方法工具或判定树归纳等确定空缺值。这类方法依靠现有的数据信息来推测空缺值。使空缺值有更大的机会保持与其他属性之间的联系。还有其他一些方法来处理空缺值,如用一个全局常量替换空缺值、使用属性的平均值填充空缺值或将所有元组按某些属性分类。然后用同一类中属性的平均值填充空缺值。如果空缺值很多,这些方法可能误导挖掘结果。

2. 无量纲化处理。用于比较的各指标的时间序列应处于同一期间,即数据长度相同,且初始年、月和终止年、月相同。考虑到各经济指标数据的量纲不同，大小也相差较大，不便于运算和比较，为了消除量纲的影响，在进行聚类分析时，可对各指标序列先进行标准化处理。

（1）正向指标的标准化方法。对于正向指标，常见的标准化方法包括线性标准化方法和非线性标准化方法两大类，线性标准化方法包括三种：

$$y_{i,j} = \frac{x_{i,j}}{\max(x_j)} \tag{3-1}$$

$$y_{i,j} = \frac{x_{i,j} - \min(x_j)}{\max(x_j) - \min(x_j)} \tag{3-2}$$

$$y_{i,j} = \frac{x_{i,j}}{\sum_{i=1}^{n} x_{i,j}} \tag{3-3}$$

非线性标准化方法包括偏差法和比重法，偏差法的标准化计算公式为：

$$y_{i,j} = \frac{x_{i,j} - \bar{x}_j}{\delta_j} \tag{3-4}$$

其中 $x_{i,j}$为指标 j 的平均值，δ_j为指标 j 的标准差。比重法的标准化计算公式为：

$$y_{i,j} = \frac{x_{i,j}}{\sqrt{\sum_{i=1}^{n} x_{i,j}^2}} \tag{3-5}$$

（2）反向指标的标准化方法。常见的反向指标的标准化方法有：

$$y_{i,j} = \frac{1}{x_{i,j}} \tag{3-6}$$

$$y_{i,j} = \frac{\min(x_j)}{x_{i,j}} \tag{3-7}$$

$$y_{i,j} = \frac{\max(x_j) - x_{i,j}}{\max(x_j) - \min(x_j)} \tag{3-8}$$

$$y_{i,j} = 1 - \frac{x_{i,j}}{\max(x_j)} \tag{3-9}$$

其中，公式（3-6）、（3-7）为非线性反向指标标准化方法，公式（3-8）、（3-9）为线性反向指标标准化方法。

此外，无论是正向指标还是反向指标，还有一些采用指数函数、幂函数、对数函数等标准化方法。

3.2 黑龙江省商业景气指标体系

3.2.1 黑龙江省商业主要行业选取

图 3－1 为黑龙江省各行业的销售额占总销售额比率的累计直方图。其中，零售业销售额占总销售额的比率为 56.00%，零售业和住宿餐饮业销售额占总销售额的比率为 69.88%，零售业、住宿餐饮业和批发业销售额占总销售额的比率为 90.97%，前三个行业占比已达 90% 以上。根据帕累托分配定律，我们认为可以用排名前五位的行业来代替黑龙江省商业作为具体的研究对象。因此，本研究选取

（1）零售业。

（2）住宿餐饮业。

（3）批发业。

这三个行业作为关键行业，对黑龙江省商业景气状况进行分析。

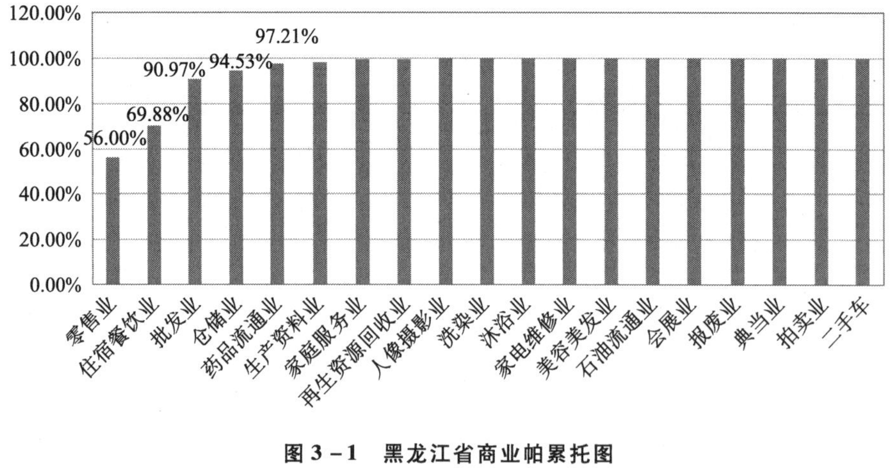

图 3－1　黑龙江省商业帕累托图

3.2.2 黑龙江省商业景气指标体系

本研究依据现有景气指数的研究方法和理论，并经过课题组专家咨询、指标数据分析等多种途径，拟从经济运行通用指标及各行业发展情况的个性指标来构建商业景气指标体系，如表 3－1 所示。

表 3－1 黑龙江省商业景气指标体系

通用指标	居民消费价格指数、地区生产总值、固定资产投资总额、城镇常住居民人均可支配收入、商品零售价格指数、沪深股市商业指数、社会消费品零售总额、地方财政收入
个性指标	销售额、企业数、企业从业人数、主营业务税金及附加

各指标具体意义如下：

1. 居民消费价格指数（通用指标）。居民消费价格指数是反映居民家庭一般所购买的消费商品和服务价格水平变动情况的宏观经济指标。它是度量一组代表性消费商品及服务项目的价格水平随时间而变动的相对数，用来反映居民家庭购买消费商品及服务的价格水平的变动情况。

2. 地区生产总值（通用指标）。地区生产总值指在一定时期内（一个季度或一年），一个地区的经济中所生产出的全部最终产品和劳务的价值。

3. 固定资产投资总额（通用指标）。固定资产投资总额是以货币表现的建造和购置固定资产活动的工作量，它是反映固定资产投资规模、速度、比例关系和使用方向的综合性指标。

4. 城镇常住居民人均可支配收入（通用指标）。城镇居民人均可支配收入是指反映居民家庭全部现金收入能用于安排家庭日常生活的那部分收入。它是家庭总收入扣除交纳的所得税、个人交纳的社会保障费以及调查户的记账补贴后的收入。

5. 商品零售价格指数（通用指标）。商品零售价格指数指反映一定时期内商品零售价格变动趋势和变动程度的相对数。商品零售物价的调整变动直接影响到城乡居民的生活支出和国家的财政收入，影响居民购买力和市场供需平衡，影响消费与积累的比例。

6. 社会消费品零售总额（通用指标）。社会消费品零售总额指各种经济类型的批发零售贸易业、餐饮业、制造业和其他行业直接售给城乡居民和社会集团的消费品零售额的总和。

7. 沪深股市商业指数（通用指标）。沪深股市商业指数是将沪深股市中商业板块的个股按一定的权重方式生成的指数。它是商业板块股价变化的集合，是对商业板块走势的整体反映。

8. 地方财政收入（通用指标）。地方财政收入主要包括地方财政预算收入和预算外收入。地方财政预算收入主要是地方所属企业收入和各项税收收入。

9. 销售额（个性指标）。销售额指纳税人销售货物或者应税劳务向购买方收取的全部价款和价外费用，但是不包括收取的销项税额。

10. 法人企业数（个性指标）。法人企业数指取得法人营业执照、具有法人地位的企业的数量。

11. 法人企业从业人数（个性指标）。法人企业从业人数指从事一定的社会劳动并取得劳动报酬或经营收入的各类人员的数量。

12. 主营业务税金及附加（个性指标）。主营业务税金及附加用来核算企业日常主要经营活动应负担的税金及附加，包括营业税、消费税、城市维护建设税、资源税、土地增值税和教育费附加及地方教育费附加等。

由于大多数指标在绝对量上都是增长的，本研究利用增长率周期波动来研究黑龙江省商业景气状况。

3.2.3 黑龙江省商业景气指标时序分类

本研究基于专家意见对指标进行定性分析，并收集大量相关数据，采用峰谷对应法、时差相关分析、K－L信息量法、聚类分析法与马场分析法等定量方法，发现上述指标具有较高的相关性，并分别得出黑龙江省商业、零售业、住宿餐饮业及批发业景气指标体系，如图3－2、图3－3、图3－4和图3－5所示。

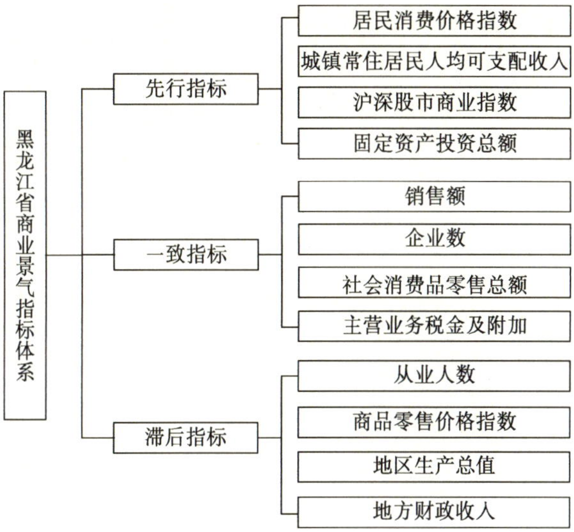

图 3－2　黑龙江省商业景气指标分类

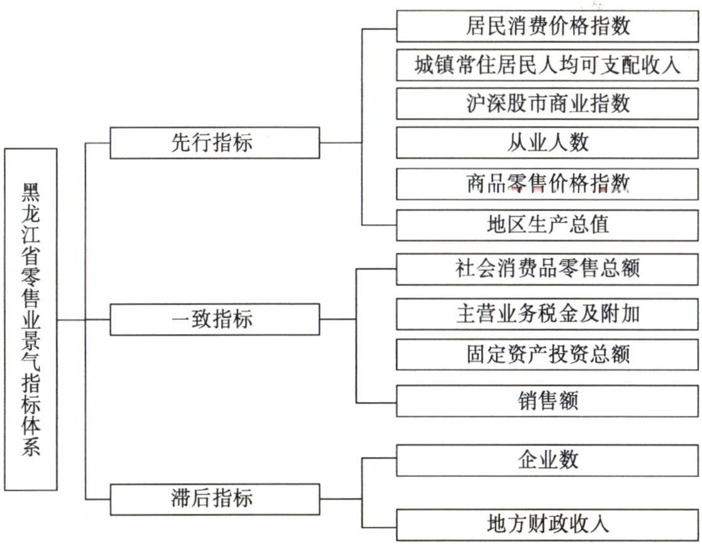

图 3－3　黑龙江省零售业景气指标分类

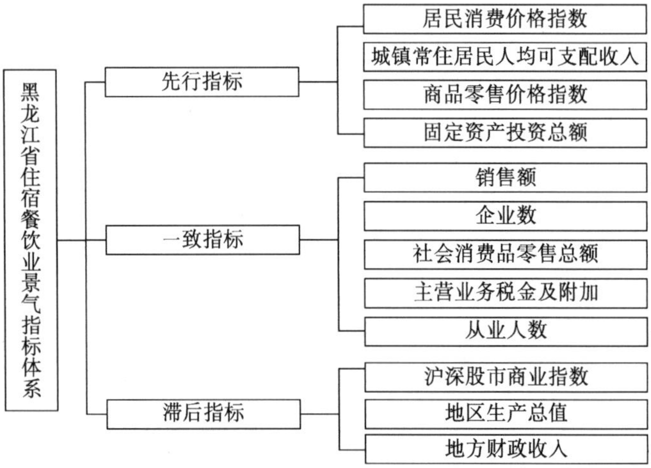

图 3－4　黑龙江省住宿餐饮业景气指标分类

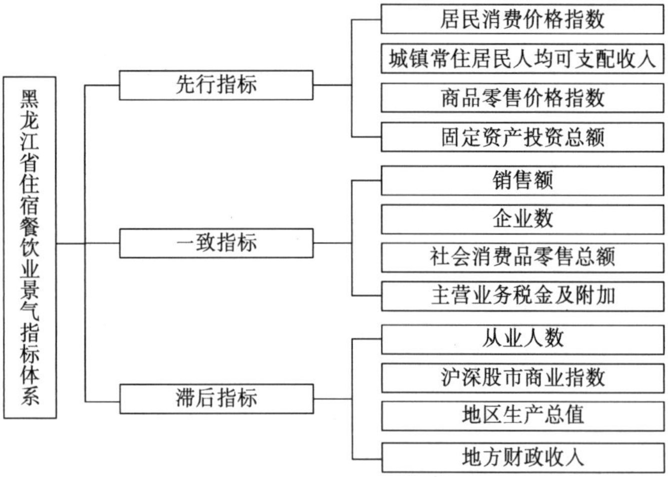

图 3－5　黑龙江省批发业景气指标分类

3.3　黑龙江省主要行业商业景气指数

3.3.1　零售业

1. 扩散指数。黑龙江省零售业景气一致扩散指数的特征及变化趋势如图3－6所示。从2006年到2016年，黑龙江省零售业存在较大规模的波动。从2006年第2季度开始，整体处在扩张阶段，从扩散指数超过50的景气状态继续向上攀升，于2007年第2季度达到极大值，之后增速有所下降，但2008年的零售业仍是经济发展中的突出亮点，在经济危机导致国民经济各主要指标增速呈现下滑的情况下，零售业依然保持了整体增长的景气状态，在2008年第4季度达到景气的峰值。从2009年开始，整体发展不景气，进入萧条阶段。直到2012年第3季度，零售业发展开始复苏，扩散指数开始呈现短暂向上的景气趋势，先后经过了扩张转折点以及收缩转折点，于2013年第4季度达到景气的峰后，从2014年开始，由于整体经济发展出现了一定程度的下行，而且伴随电子商务业的扩张，零售业扩散指数呈现下降的趋势，进入萧条阶段，2015年有所复苏。但到2016年，黑龙江省零售业整体依然处于收缩阶段。

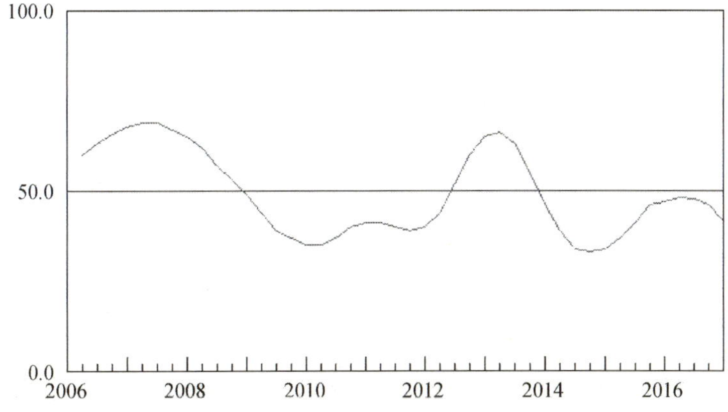

图3－6　黑龙江省零售业景气一致扩散指数

2. 合成指数。2005—2016 年黑龙江省零售业景气合成指数特征及变化趋势如图 3 - 7 所示。以一个波谷到达另一个波谷的时间作为一个波动周期来看，近十年来，黑龙江省零售业一致合成指数共有两次完整波动，第一次波动是从 2008 年第 4 季度至 2011 年第 1 季度，历经约 2 年时间；第二次波动是从 2011 年第 1 季度至 2014 年第 1 季度，历时 3 年，这两次波动均属于短周期波动；2016 年第 4 季度处在第三次波动的下降阶段。黑龙江省零售业先行合成指数与一致合成指数耦合程度较高。零售业一致合成指数在经历了前期的增长后，后期呈现缓慢下降的趋势，由先行指数可以看出，黑龙江省经济的前期发展对后期的黑龙江省零售业发展有正向影响作用。滞后合成指数主要用于确认前期零售业市场走势所带来的相关影响及市场波动周期。黑龙江省零售业的滞后周期较长，近期波动中的滞后指数呈现小幅上升趋势，是对前期的黑龙江省零售业发展上扬的滞后体现。从近期的先行指数趋势来看，未来黑龙江省零售业发展将较为平稳。

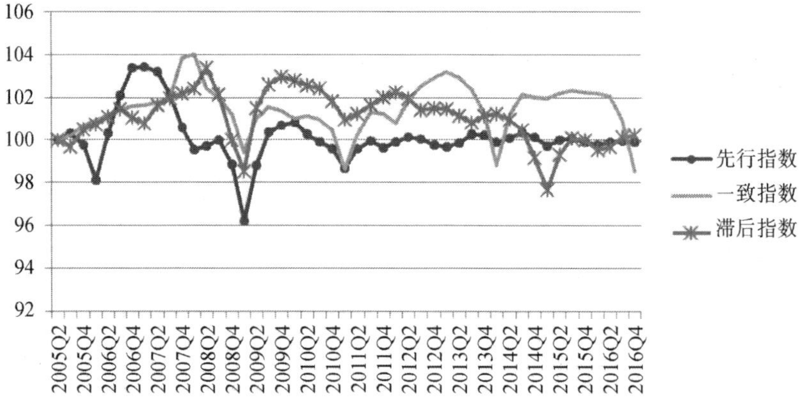

图 3 - 7　黑龙江省零售业景气合成指数特征及变化趋势

3.3.2　住宿餐饮业

1. 扩散指数。黑龙江省住宿餐饮业景气一致扩散指数的特征及变化趋势如图 3 - 8 所示。2006 年第 2 季度到 2016 年第 4 季度，黑龙江省住宿餐饮业存在较大规模的波动。2006 年，黑龙江省住宿餐饮业从不景气状态开始上扬发展，进入复苏阶段，2007 年第 2 季度达到扩张转折点，行业系统开始运行于景气空间。到 2010 年第 2 季度，黑龙江省住宿餐饮业基本保持在扩张状态。此后由于受经济危机的滞后影响，住宿餐饮业进入了全面收缩状态，进入非景气区间，随后虽然有小幅回升，但受到相关政策改革的影响，仍然没有上升到景气阶段，收缩持续到 2013 年第 1 季度，达到扩散指数的极小值，进入不景气空间后期。2013 年是黑龙江省住宿餐饮业大洗牌的一年，在中央“八项规定”和“反对铺张浪费”等风暴的影响下，黑龙江省住宿餐饮业市场格局发生了明显变化，高端经营市场持续走低，导致了整个行业的下滑。但在大众化经营领衔的市场模式中，市场逐步回归理性，开始进入复苏阶段，于是 2013 年第 4 季度开始进入了短暂的扩张阶段。但市场结构仍需继续调整，2015 年和 2016 年，黑龙江省住宿餐饮业发展整体仍然呈不景气状态。

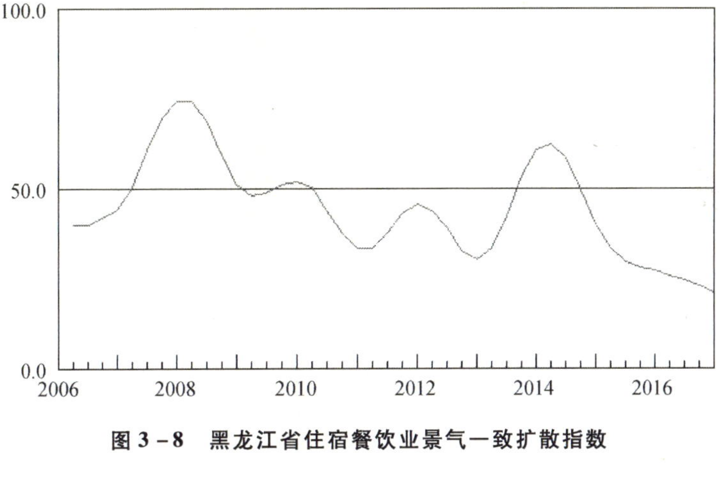

图 3－8　黑龙江省住宿餐饮业景气一致扩散指数

2. 合成指数。2005—2016 年黑龙江省住宿餐饮业景气合成指数特征及变化趋势如图 3－9 所示。以一个波峰到达另一个波峰的时间作为一个波动周期来看，近十年来，黑龙江省住宿餐饮业一致合成指数共有三次完整波动，第一次波动是从 2008 年第 1 季度至 2010 年第 1 季度，历经 2 年时间；第二次波动是从 2010 年第 1 季度至 2012 年第 1 季度，历时 2 年；第三次波动是从 2012 年第 1 季度至 2014 年第 1 季度，历时 2 年，这三次波动均属于短周期波动。2016 年第 4 季度处在第四次波动的下降阶段。黑龙江省住宿餐饮业先行合成指数与一致合成指数耦合程度较高。由先行指数可以看出，黑龙江省宏观经济的前期发展对后期的黑龙江省住宿餐饮业发展有正向影响作用。黑龙江省住宿餐饮业在近期波动中的滞后指数呈现上升趋势，是对前期的黑龙江省住宿餐饮业发展上扬的滞后体现。从近期波动中的先行指数趋势来看，未来黑龙江省住宿餐饮业发展将呈现小幅下降趋势。

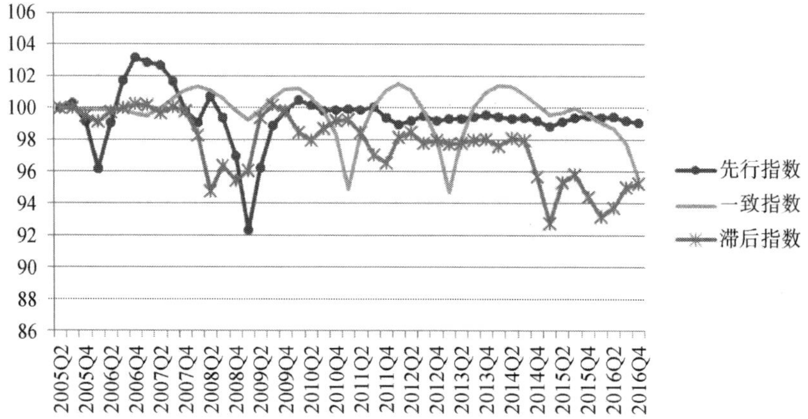

图 3－9　黑龙江省住宿餐饮业景气合成指数特征及变化趋势

3.3.3　批发业

1. 扩散指数。黑龙江省批发业景气一致扩散指数的特征及变化趋势如图 3－10 所示。从 2006 年第 3 季度开始，黑龙江批发业由景气状态开始向上攀升，2007 年第 4 季度扩散指数达到极大值 76，随后进入景气空间后期，行业系统处于降温阶段，直到 2008 年第 4 季度经过景气的波峰，进入收缩阶段。特别是受到经济危机的影响，下降持续到 2009 年第 2 季度，达到景气萧条的最低点。从 2010 年第 2 季度到 2012 年第 1 季度，经济复苏，批发业扩散指数又开始呈短暂上扬趋势，处于景气状态。2012 年，受国际金融危机的深度影响和中国经济发展阶段性特征的制约，世界经济持续低迷，黑龙江省整体经济发展出现了一定程度的下行状态，黑龙江省批发业又处在收缩阶段。2015 年，全省认真贯彻落实党的十八大、十八届三中、四中、五中全会精神和党中央、国务院关于东北振兴的工作部署，主动适应经济发展新常态，大力实施“五大规划”发展战略，着力构建“龙江丝路带”，扎实推进十大重点产业建设，新的增长因素和力量正在进一步汇集，黑龙江省批发业扩散指数经过扩张转折点，呈逐季回升态势。2016 年是实施“十三五”规划的开局之年，是全面深化改革的重要一年，经济状况发生重大转折。2016 年第 1 季度开始，黑龙江省批发业进入景气空间后期。

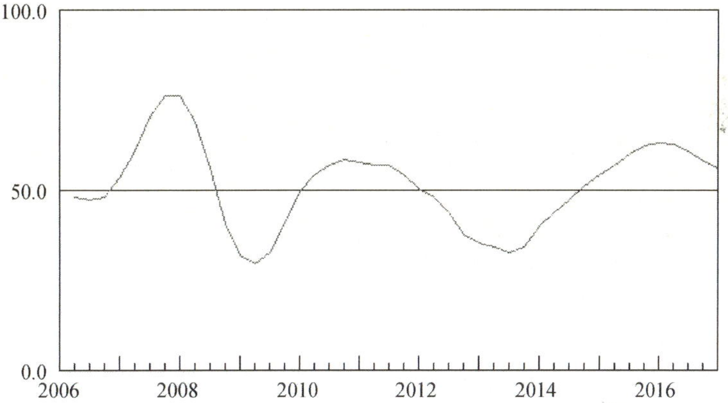

图 3－10　黑龙江省批发业景气一致扩散指数

2. 合成指数。2005—2016 年黑龙江省批发业合成指数特征及变化趋势如图 3－11 所示。以一个波谷到达另一个波谷的时间作为一个波动周期来看，近十年来，黑龙江省批发业景气一致合成指数共有两次完整且明显的波动，第一次波动是从 2007 年第 1 季度至 2009 年第 1 季度，历经 2 年时间，属于短周期波动；第二次波动是从 2009 年第 1 季度至 2015 年第 1 季度，历时 6 年，属于短期波动。2016 年第 4 季度处在第三次波动的上升阶段。黑龙江省批发业先行合成指数与一致合成指数耦合程度较高。由先行指数可以看出，黑龙江省经济的前期发展对后期的黑龙江省批发业发展有正向影响作用。黑龙江省批发业的滞后周期较长，近期波动中的滞后指数呈现下降趋势，是对前期的黑龙江省批发业发展下滑的滞后体现。从近期波动中的黑龙江省批发业先行指数趋势来看，未来黑龙江省批发业发展仍将较为平稳。

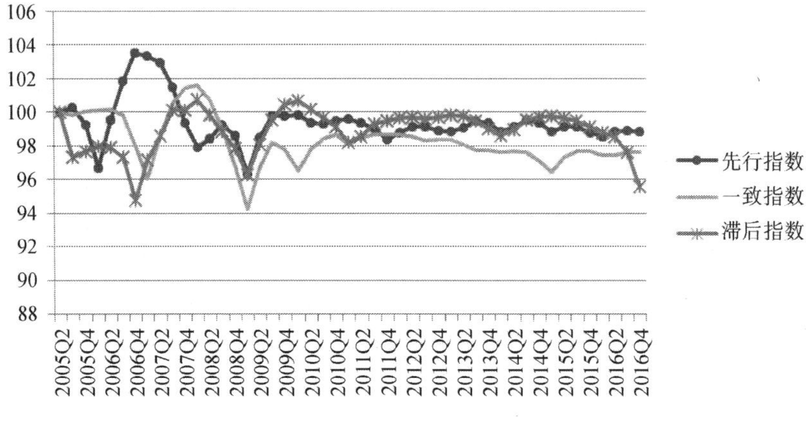

图 3－11　黑龙江省批发业景气合成指数特征及变化趋势

3.4　黑龙江省商业综合景气指数

3.4.1　扩散指数

黑龙江省商业景气一致扩散指数的特征及变化趋势如图 3－12 所示。2006 年第 2 季度到 2016 年，黑龙江省商业存在较大规模的波动。从 2006 第 2 季度到 2008 年第 4 季度结束，黑龙江省商业景气一致扩散指数一直处于 50－100 之间，并于 2008 年第 1 季度达到扩散指数极大值 75，随后进入景气空间后期。由于受到 2008 年经济危机的影响，从 2008 年第 4 季度开始，黑龙江省商业开始向收缩方向发展，经济系统处于降温阶段，扩散指数基本处于收缩阶段的小幅波动。面对国际市场需求萎缩、国内经济下行压力加大的严峻形势，黑龙江省把握“稳中求进”的总基调，始终坚持把稳增长放在更加突出的位置，2012 年第 1 季度开始进入景气阶段，黑龙江省商业扩散指数又开始呈现短暂向上的趋势。2012 年第 4 季度，黑龙江省商业发展进入新的转折点，处于景气空间后期。2013 年第 2 季度，由于结构和体制问题的制约效果，使商业发展刚呈现扩张趋势后又进入了收缩阶段，2015 年黑龙江商业扩散指数虽然有小幅波动，一度接近景气状态，但是仍处于不景气空间。2016 年黑龙江省商业整体发展速度仍然是下降状态。

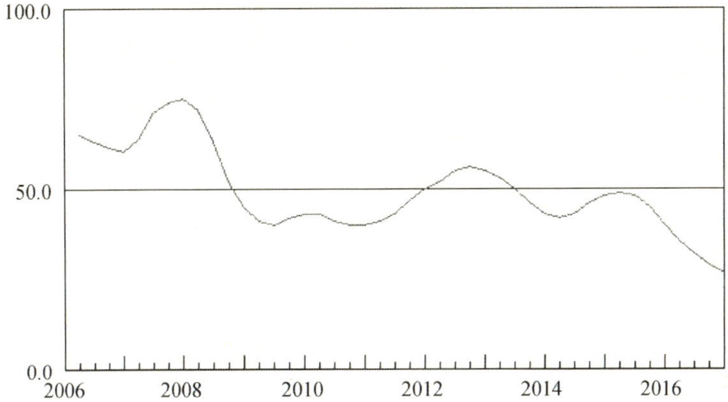

图 3－12　黑龙江省商业景气扩散指数

3.4.2　合成指数

2005—2016 年黑龙江省商业景气合成指数如图 3－13 所示。以一个波谷到达另一个波谷的时间作为一个波动周期来看，近十年来，黑龙江省商业景气一致合成指数共有三次完整波动，第一次波动是从 2007 年第 1 季度至 2009 年第 1 季度，历经 2 年时间；第二次波动是从 2009 年第 1 季度至 2011 年第 1 季度，历时 2 年；第三次波动是从 2011 年第 1 季度至 2014 年第 1 季度，历时 3 年；这三次波动均属于短周期波动；2016 年第 4 季度处在第三次波动的下降阶段。近十年来黑龙江省商业景气合成指数整体走势趋于较为平稳状态。黑龙江省商业景气先行合成指数与一致合成指数耦合程度较高。黑龙江省商业景气一致合成指数在经历了前期的增长后，后期呈现缓慢下降的趋势，说明前期黑龙江省宏观经济的下行表现对后期的商业发展产生了一定的影响。滞后合成指数主要用于确认前期黑龙江省商业市场走势所带来的相关影响，黑龙江省商业滞后合成指数的滞后周期较长，近期波动中的黑龙江省商业滞后合成指数呈现上升趋势，是对前期的黑龙江省商业发展上扬的滞后体现。从近期波动中的黑龙江省商业景气先行合成指数趋势来看，未来黑龙江省商业发展将呈现较为平稳状态、略有下降的趋势。

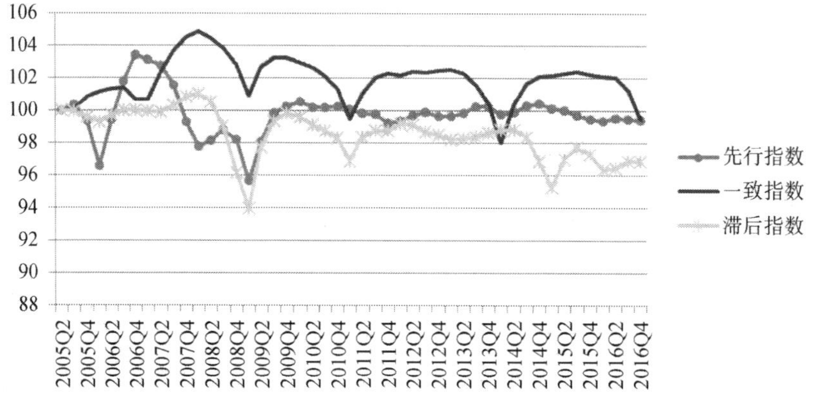

图 3－13　黑龙江省商业景气合成指数特征及变化趋势

3.5　黑龙江省商业景气预警

本部分是以经济周期波动的理论为依据，根据经济波动的周期及规律性，建立反映宏观经济运行轨迹的监测预警系统。首先对一组反映经济发展状况的敏感性指标，运用有关的数据处理方法将多个指标合并为一个综合性指标，然后通过类似于一组交通管制信号红灯、黄灯、绿灯、浅蓝灯、蓝灯的标识，对这组指标和综合指标所代表的经济周期波动状况发出预警信号，通过观察信号的变动情况，来判断未来经济增长的趋势。

黑龙江省商业景气预警分别用“红灯”、“黄灯”、“绿灯”、“浅蓝灯”、“蓝灯”表示黑龙江省商业发展的五种状态，“红灯”表示黑龙江省商业发展过热，“黄灯”表示黑龙江省商业发展趋热，即略有过热，“绿灯”表示黑龙江省商业发展正常稳定，“浅蓝灯”表示黑龙江省商业发展趋冷，“蓝灯”表示黑龙江省商业发展过冷。表 3－2 显示了 2015 年第 1 季度至 2017 年第 4 季度黑龙江省商业景气预警信号灯状态。图 3－14描绘了从 2005 年第 2 季度至 2017 年第 4 季度的黑龙江省商业景气预警指数曲线走势。

表 3－2　　黑龙江省商业景气预警信号灯

	2015 Q1	2015 Q2	2015 Q3	2015 Q4	2016 Q1	2016 Q2	2016 Q3	2016 Q4	2017 Q1	2017 Q2	2017 Q3	2017 Q4
居民消费价格指数	●正常	●正常	●正常	●正常	●正常	●正常	●正常	●正常	●正常	●正常	●正常	●正常
商业指数	●趋热	●正常	●正常	●趋冷	●正常	●正常	●正常	●正常	●正常	●正常	●正常	●正常
总固定资产（亿元）	●正常	●正常	●正常	●正常	●正常	●正常	●正常	●正常	●正常	●正常	●正常	●正常
城镇常住居民人均可支配收入（元）	●正常	●正常	●正常	●正常	●正常	●正常	●正常	●正常	●正常	●正常	●正常	●正常
总销售额（万元）	●正常	●正常	●正常	●正常	●正常	●正常	●正常	●正常	●正常	●正常	●正常	●正常
社会消费品零售总额（亿元）	●正常	●正常	●正常	●正常	●正常	●正常	●趋冷	●过冷	●过冷	●过冷	●过冷	●过冷
主营业务税金及附加（亿元）	●正常	●正常	●正常	●正常	●正常	●正常	●正常	●正常	●正常	●正常	●正常	●正常
总企业数（个）	●正常	●正常	●正常	●正常	●正常	●正常	●正常	●正常	●正常	●正常	●正常	●正常
综合预警	●正常	●正常	●正常	●正常	●正常	●正常	●正常	●正常	●正常	●正常	●正常	●正常

注：●＜过热＞●＜趋热＞●＜正常＞●＜趋冷＞●＜过冷＞

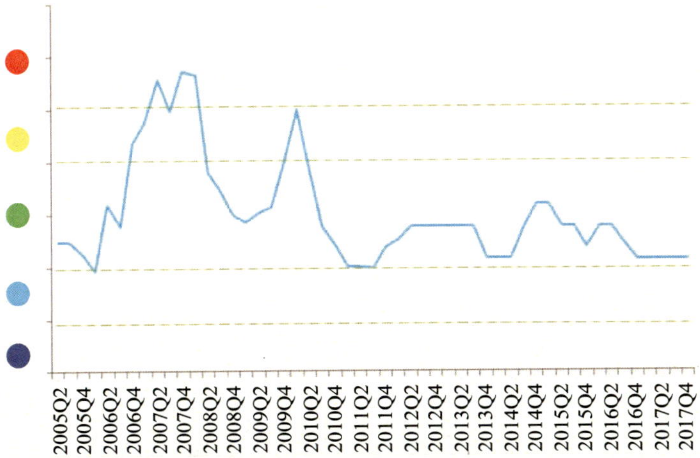

图 3－14　黑龙江省商业景气预警

预警指标以先行指标和一致指标为主要变量。黑龙江省商业景气预警指标包括居民消费价格指数、商业指数、固定资产总计、城镇常住居民人均可支配收入、销售额、社会消费品零售总额、总主营业务税金和总企业数。根据2005年到2016年各指标环比增长率的季度数据，利用时间序列模型预测了2017年数据。根据每年各指标的状态，来综合判断每一年的预警指数及所处的灯区范围。

表3-2中，预警信号灯从2015年至2017年，黑龙江省商业景气预警指数处于正常状态，趋势与一致合成指数基本保持一致。图3-14显示，黑龙江省预警指数从2005年开始保持在正常状态，2006年第1季度刚接近商业发展的趋冷状态，又开始回升，2006年第4季度开始进入发展趋热的黄灯区，于2007年第1季度进入红灯区，处于发展过热状态，并与2008年第1季度回到绿灯范围，此后，除了在2009年第4季度短暂进入发展趋热状态，其他时间内都保持在正常的绿灯范围，说明黑龙江省商业总体发展基本平稳。预计2017年仍然亮绿灯，保持黑龙江省商业景气的稳定状态。